CLASSIQUES EN POCHE

Collection dirigée par Hélène Monsacré

Dans la même collection

1. Aristophane, *Lysistrata.*
2. Aristote, *Constitution d'Athènes.*
3. Cicéron, *L'Amitié.*
4. Platon, *Alcibiade.*
5. Suétone, *Vies des douze Césars, Claude~Néron.*
6. Plotin, *Première Ennéade.*
7. Eschyle, *Les Sept contre Thèbes.*
8. Platon, *Critias.*
9. Aristote, *La Poétique.*
0. Horace, *Odes.*
11. Pline l'Ancien, *Histoire Naturelle, XXXV, la Peinture.*
12. Virgile, *Bucoliques.*
13. Platon, *Ménexène.*
14. Tacite, *Vie d'Agricola~La Germanie.*
15. Platon, *Protagoras.*
16. Sophocle, *Antigone.*
17. Sénèque, *La Vie heureuse~La Providence.*
18. Cicéron, *Le Bien et le Mal, De finibus, III.*
19. Platon, *Gorgias.*
20. Hérodote, *Histoires, II, l'Égypte.*
21. César, *Guerre des Gaules, I-II.*
22. Ovide, *Les Amours.*
23. Plotin, *Deuxième Ennéade.*
24. Sophocle, *Œdipe Roi.*
25. Tite-Live, *Histoire romaine, I, La Fondation de Rome.*
26. Virgile, *Géorgiques.*
27. Pseudo-Sénèque, *Octavie.*
28. Catulle, *Poésies.*
29. Aristote, *Politique II.*
30. Aristophane, *Les Guêpes.*
31. Homère, *Iliade, chants I à VIII.*
32. Euripide, *Les Bacchantes.*
33. Plaute, *Pseudolus.*
34. Tertullien, *Apologétique.*
35. Homère, *Iliade, chants IX à XVI.*
36. Platon, *Phèdre.*
37. Homère, *Iliade, chants XVII à XXIV.*
38. Salluste, *La Conjuration de Catilina.*
39. Cicéron, *Pro Milone.*
40. Platon, *Lysis.*
41. Plotin, *Troisième Ennéade.*
42. Diogène Laërce, *Vie de Platon.*
43. Pline l'Ancien, *Histoire naturelle, XXXIII, Nature des métaux.*
44. Pétrone, *Satiricon.*
45. Apulée, *Apologie.*
46. Lucien, *Alexandre ou le faux prophète.*
47. Plutarque, *Les Vies parallèles. Alcibiade~Coriolan.*
48. Démosthène, *Sur la Couronne.*
49. Euripide, *Hécube.*
50. Mamertin, *Panégyriques de Maximien (289 et 291).*
51. Platon, *Hippias mineur.*
52. Xénophon, *Anabase, I-II.*
53. Suétone, *Vies des douze Césars, Tibère~Caligula.*
54. Salluste, *La Guerre de Jugurtha.*
55. Eschyle, *Les Perses.*
56. Sophocle, *Ajax.*
57. Horace, *Satires.*
58. Homère, *Odyssée, chants I à VII.*
59. Homère, *Odyssée, chants VIII à XV.*
60. Homère, *Odyssée, chants XVI à XXIV.*
61. Juvénal, *Satires.*
62. Cicéron, *De la vieillesse (Caton l'Ancien).*
63. Julien, *Misopogon.*
64. Aristote, *Économique.*
65. Pline l'Ancien, *Histoire naturelle,* XXX, *Magie et pharmacopée.*

JOHN MARSTON

LA TRAGÉDIE DE SOPHONISBE

ou

LA MERVEILLE DES FEMMES

Traduction de l'anglais,
introduction et notes
par
Jacqueline Pelorson

LES BELLES LETTRES

2006

Dans la même collection (suite)

66. Platon, *Apologie de Socrate.*
67. Eschyle, *Les Suppliantes.*
68. Christopher Marlowe, *La Tragique Histoire du Docteur Faust.*
69. *La Bhagavad-Gîtâ.*
70. Ben Jonson, *Volpone ou le Renard.*
71. William Shakespeare, *Richard II.*
72. William Shakespeare, *Les Joyeuses Commères de Windsor.*
73. Pierre Gassendi, *Vie et mœurs d'Épicure*, vol. I.
74. Pierre Gassendi, *Vie et mœurs d'Épicure*, vol. II.
76. John Webster, *La Duchesse d'Amalfi.*

Ce texte et la traduction sont repris du volume correspondant de la collection « Théâtre Anglais de la Renaissance », 1re édition 1996

www.lesbelleslettres.com

ISBN : 2-251-79986-9

à J-M.

A tragedy which shall boldly abide the most curious perusal

J. Marston, Préface à *The Fawn* (à propos de sa *Sophonisbe*).

We may be asked to account, in giving this play such high place, for the fact that neither contemporary popularity nor the criticism of posterity yields any support.

T. S. Eliot, *Elizabethan Dramatists.*

INTRODUCTION

Sophonisbe a exercé sur la sensibilité des hommes de lettres européens, du XVIe au XIXe siècle, une forte emprise. Montchrestien, Montreux, Mairet, Corneille, parmi bien d'autres, ont porté à la scène l'épisode de la deuxième guerre punique au cours duquel cette princesse carthaginoise, jeune et belle, se donna la mort pour échapper à la servitude romaine, quittant ainsi celui qu'elle aimait. En 1606, John Marston, ancien étudiant d'Oxford et des Ecoles de Droit, publie à Londres *The Wonder of Women ; or, The Tragedy of Sophonisba*, qu'il vient de faire jouer au théâtre de Blackfriars. C'est la seule fois, au cours de sa carrière dramatique, qu'il trouve son inspiration dans l'histoire antique. Il se peut que des textes littéraires aient fait naître son intérêt pour cet épisode. Peut-être connaissait-il la *Sophonisbe* du Trissin (1515), la septième nouvelle du second volume du *Palace of Pleasure* de W. Painter (1566), la *Sophonisbe* de Montreux (1601). Mais il n'a emprunté à ces textes aucun élément original. Il a lu l'*Histoire* de Tite-Live et les *Guerres des Romains* d'Appien. Contrairement à ce qu'affirment M. P. Jackson et M. Neill dans l'édition la plus récente de la pièce, Gelosso est bel et bien un personnage historique : il doit son nom à Gelossa, petit-fils de Massinisse *, qui apparaît dans la traduction anglaise d'Appien (Londres, 1578), après le récit de la deuxième guerre punique (chap. X) ; rien n'indique un lien de filiation directe entre Gelosso et le Gelosses de la *Sophonisbe* de Montreux. C'est dans les livres XXIX-XXX de Tite-Live et le livre VIII d'Appien que le dramaturge anglais a trouvé l'essentiel de sa documentation.

L'historien latin et l'historien grec lui ont fourni les principaux points d'appui du récit (l'arrivée des Romains en Afrique, le mariage, ou les fiançailles, de Sophonisbe et de Massinisse, la trahison des Carthaginois envers Massinisse et leur alliance avec Syphax, l'alliance de Massinisse et de Scipion, la défaite des Carthaginois, le suicide de Sophonisbe), quelques notations topographiques et des repères temporels : les références à la mort du père et de l'oncle de Scipion , qui encadrent l'action (I et V), placent celle-ci à un moment déterminé du passé, celui où Carthage était la rivale florissante de Rome. Marston emprunte aussi quelques éléments de couleur locale et historique (la référence aux poisons que les rois faisaient garder par leurs esclaves pour les hasards de la fortune, la cérémonie de remise de présents par Scipion à Massinisse, la référence aux torches nuptiales que portaient, le soir des noces, les serviteurs escortant la mariée). On relève, en outre, des emprunts thématiques (celui de la tempérance en amour, par exemple, pris à Tite-Live) et quelque emprunts textuels. Or, bien qu'il puise directement aux sources historiques, le dramaturge affiche, dans l'épître au lecteur, son indifférence envers la vérité historique ; il prend le contre-pied de Ben Jonson qui, dans l'adresse au lecteur de *Sejanus* (1603), se targue de ce que l'argument de sa pièce est authentique. On trouve ici, non pas une fidélité archéologique semblable à celle que recherche Flaubert dans *Salammbô*, mais une antiquité de pacotille.

Marston brouille les limites spatiales et temporelles de son sujet en empruntant de-ci de-là à des temporalités différentes.

* Nous traduisons ainsi, pour des raisons de métrique, le nom de Massinissa.

La liste des noms de personnages est composée de bric et de broc : Arcathie et Nycée doivent leur nom, respectivement, au fils et à la fille de Mithridate VI, roi du Pont ; Butheas doit le sien à un général numide qui apparaît chez Appien au cours de la troisième guerre punique, un demi-siècle après la mort de Sophonisbe ; le nom de Xanthie * combine, en surimpression, celui des habitants d'une ville d'Asie Mineure (les *Zanthians* cités par Appien au cours des guerres civiles de Rome), et celui d'un personnage des temps modernes (Sancha d'Aragon, belle-fille d'un pape Borgia, souvent brocardée pour son dévergondage dans la littérature dramatique de l'époque). Certains personnages d'une simplicité indigente dans les récits historiques sont devenus des figures complexes, des points de convergence de différents types, littéraires ou sociaux, et de figures archétypales. Syphax, par exemple, est apparenté au Mécontent ; il partage plusieurs caractéristiques avec le Machiavel domestique ; ébauche d'un type humoral, celui du mélancolique, il est aussi un descendant des mauvais princes des tragédies de Sénèque ; il a avec le Vice certains traits de famille ; il est un avatar de l'Esprit du mal. Le dramaturge exploite tout un patrimoine culturel. La couleur locale et historique n'est pas irréprochable : parmi les anachronismes notoires, les vocables latins par lesquels sont désignées, un siècle trop tôt, les divinités africaines et puniques.

Par ailleurs, il redistribue la lumière narrative : alors que Scipion est la clef de voûte des récits historiques, dans la pièce, Sophonisbe est sans contredit le point de mire : elle est le centre théâtral, dramatique et thématique, l'ultime et suprême objet d'admiration. La physionomie de chaque personnage a été profondément modifiée par le dramaturge, qui inverse souvent du tout au tout la donnée historique : Scipion, dont Tite-Live loue l'audace, mais aussi la délicatesse morale, la prudence et la clémence, est ici un conquérant féroce, crédule (il accorde créance à Syphax qui accuse injustement Sophonisbe de l'avoir

* C'est ainsi que nous traduisons *Zanthia* afin d'éviter « Zanthie », et la confusion possible à l'oral avec ... « zentil, zentille ». A noter d'ailleurs que, parmi les traductions d'époque que Marston est susceptible d'avoir consultées, la traduction anglaise (1578) est la seule à proposer la graphie *Zanthians*, celle qu'il a retenue pour le nom de son personnage, par opposition aux traductions latines ou italiennes (*Xanthii, Santhii*).

poussé à combattre les Romains) et indélicat (il choque Massinisse lorsqu'il évoque Syphax ronflant aux côtés de Sophonisbe). Massinisse, sensuel, irréfléchi et vindicatif, selon Tite-Live, est, selon Marston, chaste et lucide : il combat contre Rome puis contre les Carthaginois en toute conscience morale et juridique. Sophonisbe, dans les récits historiques, exerce sur les hommes un attrait irrésistible qu'elle met au service de Carthage : son pouvoir de séduction est tel que Syphax trahit les Romains et, finalement, est conduit à sa perte ; elle est de l'espèce des femmes fatales, qui mènent l'homme au malheur et à la déchéance. Dans la pièce, elle n'use de son pouvoir de séduction que pour éconduire Syphax. Par sa « vertu », force agissante surnaturelle, elle le tient à distance, il renonce à la violer : bien que le texte de la pièce ne permette pas d'apporter aux attendus de la canonisation toute la rigueur nécessaire à une telle procédure, on a pu voir, dans la Sophonisbe de Marston, une sainte à qui la grâce efficace (stoïcienne) a été impartie ; son « étonnante » vertu est une vertu en acte. Sophonisbe souligne elle-même le « miracle » de sa condition paradoxale d'épouse immaculée. Le miel qu'elle exhale lorsqu'elle prie n'est-il pas le symbole de la nourriture spirituelle des saints ?

Marston fait plus que modeler à sa guise les données historiques, il intègre des éléments de pure fiction. *Vangue*, qui doit son nom, sans doute, à un territoire africain situé au-delà du Zaïre (d'où notre traduction par Bangui, cf. Oubangui) et la sorcière n'apparaissent nulle part dans le récit des guerres puniques ; Erictho est empruntée au livre VI de la *Pharsale* de Lucain. Or Marston prend aussi ses distances par rapport à la fiction : il démantèle des mythes, assemble des matériaux hétéroclites. A l'inverse de son homologue de la *Pharsale*, mais comme Médée, Erictho allie magie et érotisme ; mais sa technique est inopérante dans le domaine amoureux. Comme les Lamies, elle revêt la forme de la beauté afin de s'unir à un homme jeune dont elle boit le sang. Le thème de la disparition de l'être aimé, ou présumé tel, lié à celui de la rupture de l'interdit visuel, ne peut manquer de rappeler le mythe d'Orphée et d'Eurydice, et celui d'Eros et de Psyché ; mais l'épisode d'Erictho n'est pas, comme le mythe d'Eros et de Psyche, ouvert à une interprétation platonicienne. Telles les sorcières terrestres que l'on brûlait à l'époque, Erictho est une vieille femme hideuse. Telle un démon invulnérable, elle disparaît à volonté. Comme l'esprit démoniaque qui arrache à Faust son âme, elle assure la damnation de Syphax après avoir aveuglé sa conscience. Ce n'est pas, en fait, la docte ignorance des néo-platoniciens qui est ici prônée, mais la lumière et la lucidité ; l'épisode illustre en contre-exemple la leçon des paraboles évangéliques ; il faut garder les yeux ouverts et sa lampe allumée. Peut-être, après tout, Erictho n'est-elle qu'un fantôme de l'imagination de Syphax. Comme Héra, qui s'était cachée derrière une nue, à laquelle Ixion, dans son ivresse, s'était uni, elle n'est peut-être qu'une créature illusoire, qui a comblé Syphax par un viol fantasmatique : divers théoriciens de l'époque tenaient l'apparition de succubes pour totalement illusoire. Le thème de la mort physique lié à celui de l'amour s'inscrit aussi dans le schéma de la représentation symbolique de l'acte sexuel. Erictho permet à Syphax une victoire sur la pesanteur ; vient ensuite le moment de cécité, la « petite mort », enfin le cauchemar de la chute et de la dépression. Le texte comporte des suggestions multiples. Elixir de mythes, étrange brouet de sorcière, Erictho est le lieu de rencontre de figures d'origine culturelle diverse.

Des contraintes autres que la référence à l'histoire antique ou à des modèles fictionnels préexistants ont donc joué dans l'élaboration du texte. La pièce relève d'une poétique de la rupture, qui est celle de toute une génération d'écrivains au tournant du siècle. Mais elle n'est ni un Tite-Live ni un Lucain travesti : une lecture double n'est pas obligée. De manière générale, Marston ne cherche pas à établir, entre son public et lui-même, une connivence intellectuelle fondée sur la reconnaissance de textes antérieurs.

Le travail d'élaboration auquel il a procédé est avant tout un travail de formalisation ; l'intention formalisante est au cœur même de l'œuvre. Elle apparaît dans les parallélismes établis entre diverses séquences. Les compositions en diptyque, parfois en triptyque, donnent au spectacle une forme régulière et disciplinée. Des tableaux, des processions, se répondent, créant un climat de ritualisme. Le système des personnages abonde en symétries et en oppositions : la valeur documentaire de chaque personnage est faible ; le modèle logique importe plus que le modèle historique. A titre d'exemple, Erictho est l'antithèse de Sophonisbe. L'une est vieille et laide, animée par la luxure, liée aux registres de la pourriture, de l'illusion et du mensonge ; l'autre est jeune et belle, chaste, elle aspire à la pureté et à la transparence. L'une est la femme-cannibale, l'autre est, pour Syphax, une denrée comestible. L'une est nécrophile et nécrophage, l'autre pense sans cesse à se donner la mort, mais la mort est pour elle envolée hors du monde impur. Eri—chto, la très terrienne, est un démon chthonien, Sophonisbe est la femme-lune, froide et distante ; elle est, par certains aspects, une sainte. Un contraste aussi net implique un lien de genèse réciproque. Erictho /Sophonisbe, c'est le même personnage qui change de signe. On peut supposer qu'un seul et même comédien les représentait, puisqu'elles ne coexistent jamais sur le plateau. Par ailleurs, Erictho, élément étranger à l'épisode d'origine, est unie par des liens de ressemblance à plusieurs personnages, dont certains ont, comme elle, des pouvoirs surnaturels : Syphax évoque un fantôme et communique avec lui, le fantôme d'Hasdrubal prédit l'avenir, Sophonisbe « enchante », et fait naître l'amour — tous pouvoirs qui, dans *La Pharsale*, étaient attribués à Erictho elle-même. En procédant à un saupoudrage des attributions magiques de la Thessalienne, le poète-bricoleur intègre la magicienne, autant que faire se peut, au système des personnages. Ces liens infirment l'hypothèse selon laquelle Erictho aurait été introduite après coup par Marston à seule fin d'assurer à sa *Sophonisbe* un succès égal à celui que connaissait alors *Macbeth* dans un théâtre rival (1604). Dans l'ensemble, deux polarités antithétiques caractérisent la configuration de l'imaginaire marstonien : la force d'âme, la maîtrise de soi et la fidélité s'opposent aux lâches compromissions, à la mollesse sentimentale et à la gloutonnerie. Chacun des deux groupes de personnages est gradué par petits écarts : les mêmes valeurs, au sens musical du terme, sont reprises légèrement augmentées ou diminuées. Le duel qui oppose Syphax à Massinisse n'est pas, comme on l'a soutenu, une simple concession au goût du temps. Il met en scène la conjonction des contraires : il en est la représentation.

L'empreinte de l'art oratoire sur ce texte dramatique est un autre aspect de son formalisme. Marston appartenait au milieu judiciaire et sa *Sophonisbe* a la rhétorique bien chevillée au corps. Dans son agencement, la pièce présente des analogies avec un dicours de type démonstratif ; elle est une constante démonstration. L'*exorde* (épître au lecteur, argument et prologue) capte la bienveillance du public. La *narration* (I.1-V.3), met en valeur les vertus de Sophonisbe et de Massinisse. Le début de la scène 4 de l'acte V constitue la *récapitulation*. La fin de cet acte est une authentique *péroraison*. Le riche arsenal de procédés rhétoriques mis en œuvre par le dramaturge témoigne lui aussi d'un effort de mise en forme. Ainsi, des sons, des mots isolés, des patrons syntaxiques ou des phrases entières sont répétés ; quelle que soit leur fonction précise, ces répétitions sont un facteur d'enchaînement du texte. Des antithèses nombreuses resserrent la trame du texte. Les structures binaires, qui prédominent largement en dépit de quelques incursions baroques vers le ternaire, donnent au texte une allure carrée, ordonnée. Les sentences pullulent : quels que soient leur raison d'être et leur contenu, elles témoignent d'un effort de mise en ordre du réel par les mots — tel est bien l'élan primordial de la rhétorique.

Le travail d'élaboration auquel a procédé Marston est aussi un travail d'abstraction. La couleur locale et historique se résume à quelques allusions ponctuelles ; les sentences abstraient de l'action des vérités immuables, non insérées dans un continuum temporel. Certaines audaces réalistes sont le résultat d'une opération d'abstraction : le mode allégorique gouverne l'imagination du dramaturge lorsqu'il évoque, par exemple, Scipion, dieu du carnage, escorté par un cortège de malheurs. Les références fréquentes aux parties du corps — front, langue, joues, tête, bras, mains, muscles, cœur, peau, sang — ne sont pas relatives à l'anatomie ; elle renvoient à des traits de classe morale. Mais la peinture des caractères, dans leur complexité et leur mouvance, n'est pas non plus la préoccupation primordiale de Marston : une valeur ou un affect impérieux qui prime tout détermine chaque personnage dans ses actes et ses paroles ; aucune marge d'équivocité, pas de halo d'indécision. Syphax, par exemple, est asservi au moi sensible ; la valeur de justice sert de centre unificateur au personnage de Massinisse : il mène une juste guerre contre Rome puis contre Carthage, il porte à Sophonisbe un amour juste, c'est-à-dire chaste et légitime ; le principe de fidélité régit le personnage de Sophonisbe : par le sacrifice de sa personne, elle est fidèle au devoir absolu de l'épouse et à celui de la Carthaginoise et elle permet, en outre, à Massinisse, de lui rester fidèle et de rester fidèle à l'engagement qu'il a pris envers Rome. Aucun effet de discontinuité qui rende les personnages surprenants : lorsque Syphax renonce à violer Sophonisbe, il semble y avoir incohérence ou évolution psychologique, mais la psychologie n'est pas ici en jeu. Miracle ou prodige sans cause raisonnable, la présence de Sophonisbe le stupéfie. Pure qualité devenue visible, Sophonisbe incarne la Vertu ; lorsqu'il lui arrive de manquer à sa parole, c'est que, afin de triompher de l'infidélité, elle en adopte les armes. L'action est un écheveau d'idées-forces concurrentielles ; les personnages sont soustraits au temps par leur immobilité psychologique.

Les acteurs enfants qui jouaient au Blackfriars s'accommodaient bien, sans doute, d'une forme de théâtre qui rappelle à chaque instant son artifice. Le public, composé en partie d'une élite intellectuelle avant-gardiste, appréciait le formalisme et le style abstrait de la pièce. Mais les conditions de représentation n'expliquent pas tout. Des influences littéraires ont joué. Le style abstrait et figé de la pièce s'apparente à celui des Moralités. Néanmoins, les personnages sont hybrides, plus ou moins allégoriques et le schéma dramatique de la pièce dans son ensemble résiste à un déchiffrement effectué dans le sens de l'allégorie médiévale : Sophonisbe n'est pas « Madame-tout-le-monde ». Massinisse, plus proche de l'humanité moyenne, ne pactise pas avec les forces du Mal et ce n'est pas sa ruine qui est provoquée. Quant à Scipion, que Syphax circonvient, il n'est pas l'enjeu d'une lutte entre Vices et Vertus. On a pu voir dans la tendance à la généralisation et à l'abstraction une des constantes de l'écriture dramatique de l'époque. Et pourtant, la manière de Marston diffère de celle de Shakespeare, dont les personnages sont irréductibles à des simplifications schématisantes. Lorsqu'il a conçu le personnage de Xanthie, Marston s'est souvenu de la nourrice de Juliette, de son bavardage, son impudeur, son opportunisme. Mais il y a une grande part de système dans la leçon d'individualisme que Xanthie donne à Sophonisbe. Le lecteur n'a pas ici l'impression de toucher aux données immédiates du vécu. La peinture stylisée de personnages qui poussent à l'extrême une certaine manière d'être, la construction géométrique et le style sentencieux rappellent les tragédies de Sénèque, que Marston connaissait de première main, et les tragédies « régulières », à l'antique, qu'écrivaient, vers la fin du XVIe siècle, Jodelle et Garnier en France, Daniel et Greville en Angleterre.

L'histoire inauthentique et invraisemblable que raconte Marston invite à déchiffrer un sens : en proclamant bien haut le droit du poète à inventer, Marston s'inscrit dans le courant humaniste platonicien, qui attribue au poète le pouvoir de révéler des vérités idéales et abstraites.

La thématique de la pièce a été enrichie par l'apport de courants de pensée et de modes de sensibilité divers, souvent conflictuels. Courant stoïcien et courant machiavélien marquent fortement le discours et les actions de plusieurs personnages. Le stoïcisme est toujours présenté sous une forme adoucie, compatible avec les exigences de l'affectivité, et le machiavélisme essentiellement à travers le double relais du traitement stéréotypé qu'en donne le théâtre de l'époque, et d'un chapitre de Montaigne abondamment glosé par l'acte II ; mais le dramaturge a trouvé, dans la confrontation de ces systèmes de pensée — morale individuelle de la maîtrise de soi et théorie de l'efficacité politique — un principe dynamique. En contrepoint de la veine épique joue la thématique pastorale : scènes de guerre, récits de bataille, riches en horreurs et en actions héroïques, en comparaisons développées et en périphrases, font place à une scène champêtre, propice à l'évocation nostalgique d'une société agreste se livrant aux plaisirs de la cueillette et de la laiterie. Cet univers sans ombre appelle en contre-épreuve Babylone, la sensualité brutale de Syphax ; il a pour envers l'enfer et les scènes de diableries d'Erictho. La nostalgie d'un monde préservé de l'hypocrisie et de la corruption s'affirme contre la légitimation machiavélienne de la ruse et du mensonge. Les thèmes baroques de l'inconstance et de la fausse identité sont l'arrière-plan sur lequel s'établit la constance stoïcienne de Sophonisbe. Marston reprend certains thèmes de l'idéologie officielle — le respect des hiérarchies, la défense de l'ordre établi, mais il inclut aussi des thèmes relevant de tendances idéologiques autres, qui travaillaient sourdement la société au début du siècle — contestation de la tyrannie, droit à se rebeller contre un certain rituel, selon les exigences de la conscience morale. Le patriotisme est parfois dépassé, en tant que valeur, par un principe supérieur : le sage stoïcien porte avec lui sa patrie ; la fidélité à l'individu prime la fidélité patriotique. L'héroïsme guerrier apparaît concuremment avec l'idéal stoïcien de l'héroïsme intérieur. Bref, la pièce est traversée de tensions et de contradictions. Par la manière dont il est traité, le thème de la femme illustre les antinomies de l'imaginaire marstonien, et reflète les contradictions de la mentalité de l'époque. Mises en accusation agressives et louange dithyrambique voisinent. Une femme est idéalisée, comme dans la tradition courtoise, que ravive le néo-platonisme ; dans l'œuvre antérieure de Marston, Maria (*The Malcontent*), Mellida (*Antonio and Mellida* et *Antonio's Revenge*) et Beatrice (*The Dutch Courtezan*) sont elles aussi des points de référence morale. Mais conformément aux vieux préjugés misogynes, le discours que tiennent plusieurs personnages masculins, et même féminins, sur la femme en général est toujours injurieux. Marston ne nous donne, en fin de compte, aucun personnage qui soit très féminin. Alors même que Sophonisbe regrette d'être femme (I, 2), non seulement le sexe masculin du comédien qui incarnait ce personnage sur la scène du début du XVIIe siècle est rappelé, de manière allusive, mais le côté viril du personnage est souligné. Sophonisbe vit et meurt en « soldat ». Le sentiment de l'honneur prime chez elle le sentiment maternel. Sa constance est une vertu mâle.

Les thèmes métaphysiques sont présents de manière massive, mais la pièce n'est pas le lieu d'un exposé théologique : le problème métaphysique de la manière dont liberté humaine et prédéterminisme peuvent se concilier est posé mais non résolu ; sur la question du destin de l'âme après la mort, des vues contraires sont proposées. De manière générale, le sujet ne se prêtait pas à une profession de foi chrétienne ; pourtant, derrière la figure de Jupiter se dessine celle du Dieu des Chrétiens, et l'expression vague « le Ciel », utilisée à plusieurs reprises, permet à Marston de fondre les croyances anciennes et modernes. Souvent lointains, malveillants ou indifférents, les dieux invoqués ne manquent pas de rappeler le Deus Absconditus des Réformés. Certains thèmes ont une couleur calviniste très marquée : la nécessité d'une discipline morale rigoureuse, l'arbitraire divin, l'insuffisance de la raison humaine. Sophonisbe ne va pas pour autant jusqu'à affirmer, comme le fait la théologie calviniste, la corruption totale de l'homme — un feu divin est en lui. Une note grave revient avec insistance : dans l'optique de différents personnages, les dieux sont essentiellement des dieux de vengeance. Mais en dépit des références constantes que font les personnages aux puissances surnaturelles, celles-ci ne sont pas, dans l'économie générale de la pièce, les principaux agents. La force implacable qui s'acharne contre Sophonisbe a un visage humain, celui de Syphax.

Deux suicides, dont un mis en scène, quatre meurtres, dont deux offerts au regard, un roi détrôné, sa chute irrémédiable dans l'esclavage, des amants séparés à jamais, autant de signes, terribles et pitoyables, de la présence du Mal et de la précarité du bonheur. La mort rôde sous d'autres formes encore : l'angoisse de la mort sous-tend la thématique de la grandeur-et-décadence et celle des ruines ; Saturne, dieu de la mélancolie et du temps, glouton dévorateur de sa progéniture, est invoqué. En fin de compte, la morale n'est pas sauve, la justice n'est pas ici distribuée, comme le voulaient Puttenham et Sidney, en fonction des mérites de chaque personnage : Massinisse perd Sophonisbe comme Orphée, descendu aux Enfers, perdit Eurydice. Sophonisbe, qui fuit tout du long sa propre annihilation, endort le mal temporairement, comme Orphée ; mais elle est finalement victime de son incapacité à le détruire. La pièce progresse vers ce point lumineux, l'instant de reconnaissance, où la conscience prise au piège, entrevoit que la menace pressentie, puis écartée, ne peut être finalement détournée. Le formalisme de la pièce n'a pas chassé l'émotion poignante. Le sentiment tragique cristallise dans des images à forte densité émotive, qui mettent en tension la vie et la mort : par exemple, celle du souffle glacé passant sur les guetteurs carthaginois alors que la flotte romaine fait voile vers Carthage (I.2 ; Shakespeare s'en souviendra dans *Macbeth*), la comparaison entre les soldats carthaginois et les chercheurs d'or victimes d'une explosion (*ibid.*), l'image de la douleur de Massinisse faisant boule de neige, la comparaison de Sophonisbe à un feu grégeois, l'antithèse entre le ruisseau, labile et volubile, et le silence des eaux profondes (V.4). La plupart de ces images sont caractérisées par un rituel d'écriture rigide (amples périodes à la syntaxe très apparente), mais sous ces blocs d'architecture perce l'émotion : ces images disent le malheur à l'horizon et le frisson tragique, l'espoir anéanti, les proportions cosmiques d'une douleur qui glace la conscience, l'éclat fulgurant de la vertu, l'abîme du sentiment de notre mortalité.

Pourtant, l'efficacité tragique est mise en péril par l'absence de personnage tragique. La mécanique de la pièce repose sur le mensonge de Syphax : après avoir été soumis par les armes, celui-ci triomphe de Massinisse en mentant à Scipion ; la parole prend le relais des armes. Art incantatoire, la rhétorique n'est plus alors une mise en ordre ; elle devient instrument de discorde. Marston reprend un thème qu'il avait développé dans son œuvre satirique, celui du calomniateur qui trouve créance. Mais il n'en exploite pas les virtualités tragiques. Le pouvoir destructeur des mots, l'identité multiple et perdue, sont les ressorts que fait jouer Shakespeare tout au long d'*Othello*. Ici, l'erreur commise par Scipion n'est reconnue ni par Scipion, ni par aucun autre personnage. Quant à Massinisse et Sophonisbe, jamais ils ne s'égarent. A la différence des héros cornéliens, ils n'hésitent jamais entre deux ordres de valeurs contraires. Massinisse connaît un moment de crise (V.3) — pause douloureuse (mais fugace, dénouée presque aussitôt par le suicide de Sophonisbe), au cours de laquelle il doit choisir d'être fidèle à Sophonisbe ou à Scipion. Or cette crise est amenée de l'extérieur par le mensonge de Syphax et la crédulité de Scipion. L'impeccabilité morale et intellectuelle de Massinisse n'est pas en cause : lorsqu'il jure fidélité à Scipion (III.2), il n'est pas illogique de supposer que le général romain ne réclamera pas celle qui, dès avant le début des hostilités, est l'épouse légitime de son allié ; la preuve en est que Scipion ne songe nullement à mener Sophonisbe en triomphe lorsque Massinisse le quitte, après la victoire, pour rejoindre son épouse (V.2). De manière générale, la morale de l'affirmation du moi, qui est celle d'un nombre important de personnages, fait échec au tragique. Par une inflation de la dynamique du sujet, les personnages essayent de se hisser au-dessus des dieux, en exerçant leur liberté intérieure, en se donnant la mort, ou, par inversion parodique, en s'affirmant par l'agression physique. La certitude, souvent affirmée, que l'éternité existe — dans un au-delà terrestre et temporel, la conscience des vivants — met en échec le saturnisme corrupteur qui infiltre la pièce. Ainsi, l'action est à double fond : sous l'instabilité et le malheur apparents, triomphe un certain ordre. L'impression de sérénité sous-jacente que percevait T. S. Eliot , à certains moments du drame, vient de ce que les personnages conforment leur conduite aux lois d'un monde de vérités stables, invisible mais qui pourtant est là. La quête des valeurs morales s'achève sur un succès. Sophonisbe dit la joie de la montée et de la conquête, l'air pur des sommets. Sa mort est une sortie triomphale, une apothéose.

A l'homme en situation d'agir, ce texte tout gonflé de pensée propose-t-il des valeurs fermes ? Les pierres angulaires de la morale que valorise Marston — force d'âme, maîtrise de soi, fidélité — ne diffèrent pas fondamentalement de celles que vantent Tite-Live, et la plupart des morales. Sans doute, alors que les vertus qu'incarne Scipion sont celles qui ont donné aux Romains l'empire du monde, c'est à se conquérir que s'emploie Sophonisbe ; mais l'apport poétique du dramaturge ne va pas contre la vérité de l'ensemble. Sophonisbe a-t-elle valeur de modèle ? Elle va « très haut perchée », comme s'en étonne Xanthie d'entrée de jeu, elle « monte », dirait Montaigne, « sur des eschasses ». Comme le souligne Massinisse, porte-parole de Marston dans l'épilogue, elle est le modèle d'une perfection supra-humaine. Massinisse place l'homme en deçà des délires héroïques : ni rival de Dieu, ni simple mouche entre les mains de dieux cruels, mais humain, rien qu'humain. L'optique relativiste de Massinisse fonde l'harmonie sur l'acceptation des limites : il exalte la vertu de tempérance et, à la différence de Sophonisbe, qui prône une fidélité absolue, il ne se croit pas tenu d'observer la fidélité patriotique ; admirer n'est pas imiter. En fin de parcours, il mesure, dans un éloge qui confine à la condamnation, la différence d'altitude qui le sépare irrévocablement de Sophonisbe. Ainsi, l'idéal de grandeur proposé à l'admiration du spectateur se trouve-t-il, timidement, de manière oblique, mis en question par un idéal de sagesse humaine.

Ce texte est, par certains aspects, mal accordé au goût de notre temps. Marston peint l'être, non le passage ; or nous savons, aujourd'hui, que Je est toujours un autre. Plus que la rhétorique de la grandeur, nous prisons les formes plates du tragique : des vagabonds attendent, dont le langage défaille. Et pourtant, la polarité de l'éphémère et de l'éternel, l'aspiration à un bonheur toujours fuyant, le problème des rapports entre politique et morale, qui est au cœur d'une des scènes les plus vigoureuses de la pièce (II.1), nous importent aujourd'hui encore. La perte des références absolues, l'instabilité généralisée, qui sont celles de l'époque de Marston, sont aussi les nôtres. Certains philosophes tentent aujourd'hui de fonder un humanisme non sur un optimisme du bien, mais sur le courage de regarder le mal en face : ramer contre les éléments hostiles, et dire non, comme Sophonisbe ou Antigone. Toutes espèces d'héroïsme sont par ailleurs remises à la mode : on excelle dans l'exercice d'un art, d'un sport, d'un métier, d'un jeu. La quête de l'excellence et sa mise en scène fascinent. Sans doute Sophonisbe fait-elle appel aux énergies de l'âme, non à celles du corps ou de l'intellect ; sans doute la morale de la maîtrise de soi, qui témoigne d'un oubli de soi, diffère-t-elle du narcissisme contemporain. Mais c'est la même injonction à se dépasser qui se fait entendre. L'excellence de Sophonisbe diffère de celle des battants et gagnants d'aujourd'hui essentiellement en ce qu'elle est le privilège de l'être : Sophonisbe est un être à part, distante comme Phébé qu'elle invoque. Champions sportifs et stars du *business show*, en revanche, émergent du commun par des performances, toujours précaires, qui ne les arrachent pas à leur condition d'homme : ils sont des supports d'identification parce qu'ils restent à hauteur d'homme.

La *Sophonisbe* de Marston, contrairement aux pièces de Daniel et de Greville, fut écrite pour être jouée — ce qu'indiquent les nombreuses didascalies externes et internes. Elle allie poésie, musique vocale et instrumentale, et danse ; les effets spectaculaires abondent. Le texte nu fait parfois naître un vif sentiment de frustration, comme celui des Masques de l'époque. Une fonction primordiale est assignée à la musique. L'opéra, en 1606, était dans l'air : Monteverdi donnait *Orfeo* un an plus tard. La vogue actuelle en faveur de l'opéra laisse penser que ce drame peut intéresser un public de spectateurs. On a redécouvert et joué récemment en France, l'*Hippolyte* de Garnier et la *Sophonisbe* de Corneille. Bien que Marston n'ait voulu pour épitaphe que l'oubli, sa *Sophonisbe* a été rééditée à plusieurs reprises : osera-t-on la sortir du confort des bibliothèques ? De manière générale, le texte se prête à des procédures de mise à distance — jeu stylisé, profération froide, recours à des outils comme le masque. Le texte se prête au métissage des styles de jeu et de mise en scène, qui démonte l'illusion. Il offre, sous le ton de gravité sentencieuse qui assure son unité, un aspect composite : ce drame touche à l'opéra et au conte moral ; cette tragédie touche à la farce et aux moralités du Moyen-Age ; cet hymne à la perfection est aussi le récit d'une descente aux enfers ; masque et antimasque, grotesque, sublime, fantastique, tout y est. Par ailleurs, la technique dramaturgique et stylistique de Marston est celle de la gifle, du coup de poing : il recherche les effets de choc, les antithèses violentes ; il triture la syntaxe. Il raccorde des temporalités différentes, fait jouer les uns contre les autres divers modes de pensée et courants de sensibilité. La bigarrure du texte autorise le métissage de la représentation : ritualisme nuptial style Renaissance, ultra-modernisme (pour le débat entre sénateurs) ou combat, style moralité médiévale, entre Bon Ange (Gelosso) et Mauvais Ange (Carthalon) se disputant l'âme de Sophonisbe, exubérance baroque ou violence expressionniste (pour les charlataneries d'Erictho), pompe romaine ; jeu bouillant de Syphax, explosion de fureur vengeresse, mais jeu contenu de Gelosso et de Sophonisbe qui, l'un et l'autre, s'en prennent explicitement à la manière boursouflée des acteurs de l'époque ; Grand-Guignol, esprit de truculence (pour la tentative de viol), esprit de dérision parodique, style marionnettes (pour le duel entre Massinisse et Syphax), dépouillement tragique, gestes hiératiques de Sophonisbe qui en appelle en vain aux dieux ; grands gestes impudiques de Syphax, gestes de la tendresse (jamais assouvie) seulement esquissés par Sophonisbe et Massinisse, interdiction de toucher l'autre — jeu en décalage avec le texte, qui dit qu'elle étreint les genoux de l'autre, et meurt heureuse dans ses bras. La parole décalée du désir. Le jeu serait ce décalage et cet inassouvissement .

La traduction

La présente traduction est une première. Qu'on ait choisi l'alexandrin étonnera peut-être. En France, le préjugé anti-traduction versifiée a la vie dure. Pourtant de grands traducteurs, comme J. Fuzier parmi les anglicistes, ont justifié par le principe de la fidélité à l'original leur choix de la traduction en vers. Nous ne convaincrons pas ceux qu'ils n'ont pas convaincus. Restent, parmi les lecteurs réticents, ceux qui admettent la nécessité de traduire poétiquement un texte poétique, mais qui pensent, comme A.Vitez, que l'alexandrin, pour un texte de théâtre, tombe inévitablement dans la tentation racinienne. L'alexandrin de notre traduction n'est pas l'alexandrin racinien. Il est la résultante d'un compromis entre la fidélité à des contraintes semblables ou analogues à celles de l'original et un assouplissement de ces contraintes pour rester au plus près de la richesse sémique de l'original. Il en résulte un vers de convention, où plusieurs âges de la prosodie française sont métissés, et qui est déjà une procédure de mise à distance.

Prosodiquement, l'emploi par Marston du pentamètre iambique, la régularité métrique de vers blancs interrompus parfois par quelques rimes, la tendance à penser vers par vers, en dépit de quelques enjambements hardis, tout cela invitait à rechercher des équivalents. Au décasyllabe, on a préféré l'alexandrin, qui est par excellence le vers de la tragédie française, et qui permet de gagner deux syllabes. Même ainsi, la densité de Marston est telle qu'il nous arrive parfois d'ajouter un hémistiche, voire un alexandrin entier — allongement signalé par le signe + dans la numérotation des vers. Le vers-pour-vers constitue une de ces gênes exquises que vantait Valéry, un constant antidote à la tentation du délayage.

L'alexandrin, vers 1600, admettait l'hiatus et utilisait de façon fluctuante la diérèse. Nous avons tiré parti de ces deux usages. Nous avons introduit des usages extérieurs au XVIIe

siècle : assouplissement des règles classiques concernant la césure, adoption, pour un nombre non négligeable d'alexandrins, de la césure épique (« En ce désert habit(e) la grande enchanteresse »), qui est soit un archaïsme, disparu bien avant 1600, soit une résurgence moderne ; mais cette césure nous a permis de gagner une syllabe pour la traduction de certains vers. Ces divers usages n'offrent pas de cohérence historique d'ensemble. Il en résulte l'obligation d'une coopération active : non guidé par le ronron d'alexandrins tous classiques, le lecteur doit construire la mesure à travers césures et diérèses.

Les rimes remplissent des fonctions précises : distiques sentencieux, annonce de la clôture d'une scène, mise en valeur d'une séquence (sonnet de Sophonisbe, tirades éparses). Nous avons choisi de rimer partout où l'original rime, mais sans rechercher de rimes riches (dans quelques cas, la récurrence phonique a été réduite à une assonance) et en remplaçant, sauf pour le sonnet de Sophonisbe, le système ancien des rimes masculines et féminines par le système post-verlainien des rimes consonantiques et vocaliques, où la règle des mots en s ou en x disparaît, entre autres. Nil et crocodile (rime consonantique), trembleras et combat (rime vocalique) riment dans notre traduction. C'est par là surtout, et par quelques enjambements hardis, qu'elle présente des simili-vers de tragédie classique, distanciés, sinon parodiés.

Nous voilà loin de Racine. En général, sauf dans quelques passages comme le finale, le lyrisme de Marston se caractérise par un rythme percutant, des consonnes rugueuses, explosives, une densité extrême. Manière rude, que nous n'avons pas édulcorée.

Métissage de plusieurs âges de la prosodie, mais aussi de la langue. Le rêve de traduire Marston comme l'eût fait un Français du début du XVIIe siècle est un idéal inaccessible et contestable. On a écarté, d'un côté, les mots ou tournures obsolètes ; de l'autre, on a banni les néologismes. Entre ces deux pôles, on a traduit pour l'honnête homme d'aujourd'hui, en introduisant une patine d'ancienneté par certains termes (« ennui » au sens de douleur profonde), certaines tournures (par exemple place des pronoms personnels), certaines expressions qui correspondent d'ailleurs littéralement à celles de l'original (« vertu de l'univers » appliqué à un être humain, « le tout des victoires »), etc. Le filtrage n'en est pas moins indéniable. Notre traduction n'offre pas au lecteur moderne toutes les difficultés que Marston réserve à un lecteur anglophone d'aujourd'hui. La distance de l'historicité linguistique subsiste, mais réduite de multiples manières. Faut-il s'en plaindre ?

Le texte de cette édition

Le texte de cette édition est établi d'après l'une des deux copies de l'in-Quarto (1606) qui se trouvent à la *Bodleian Library* (Malone 186 (1)). La page de titre de cette copie est reproduite au début de notre édition. Ni le lexique ni la syntaxe n'ont été modernisés : mots et structures archaïques sont éclairés par la traduction. L'orthographe de l'in-Quarto a été respectée, mais nous distinguons entre *i* et *j*, entre *u* et *v*. La ponctuation d'origine est aujourd'hui déroutante à divers égards : le texte semble souvent sous-ponctué ; il arrive, par ailleurs, que des ponctèmes séparent des inséparables syntaxiques. Cette étrangeté tient en partie au fait que la ponctuation est ici, dans une large mesure, fondée sur le primat de la diction à haute voix ; mais certaines « bizarreries » relèvent peut-être de choix stylistiques, d'autres sont des erreurs ou de simples oublis de la part du compositeur. Nous avons pris le parti d'émender et de renforcer le moins possible la ponctuation : choisir un clavier ponctuationnel plus ou moins riche, plus ou moins diversifié, c'est déjà interpréter, faire des choix syntaxiques et sémantiques. Plutôt que d'imposer d'emblée nos choix, forcément réducteurs, c'est dans la traduction que nous proposons une interprétation de la ponctuation, par exemple des deux points, qui fleurissent dans l'in-Quarto et l'in-Octavo.

Comme Marston nous y invite lui-même, dans une note placée après l'épilogue, nous avons corrigé un certain nombre de coquilles évidentes (orthographe, ponctuation, présentation) déjà repérées par les éditeurs antérieurs : nous avons, par exemple, systématiquement rétabli ou émendé la ponctuation en fin de réplique, où elle est très souvent absente, ou erronée ; à titre indicatif, nous avons, au total, dans le quatrième acte, ajouté, modifié ou supprimé, sans le signaler, une quinzaine de ponctèmes.

Pour une plus grande lisibilité, l'orthographe des noms de personnages et la forme abrégée de ces noms, qui précède chaque réplique, ont été homogénéisées. L'usage de l'italique, de la majuscule et de l'indentation est erratique dans l'in-Quarto : l'italique est ici utilisée de manière uniforme pour les indications scéniques, ainsi que, comme dans le texte original, pour un certain nombre de vers à tournure sentencieuse ; les majuscules sont conformes à celles de l'in-Quarto, mais nous avons normalisé leur usage après le point. Lorsqu'un vers est réparti entre plusieurs personnages, chaque nom a été repoussé vers la marge de gauche. Les chiffres ont été transcrits en lettres, les vers numérotés.

Tout ajout est placé entre crochets, les émendations de quelque importance et les variantes sont signalées en bas de page (« Q » et « O » renvoient à l'in-Quarto et à l'in-Octavo respectivement) ; les notes autres que textuelles sont en fin de volume.

Les éditions antérieures

— *The Wonder of Women, or the Tragedie of Sophonisba.* Ed. J. Windet. London. 1606. In-Quarto composé d'après un manuscrit soigneusement préparé.

— in *Tragedies and Comedies.* Printed for W. Sheares. London. 1633. In-Octavo, peu fiable. Aucune mention du nom de l'auteur sur le deuxième tirage.

— in *Works of John Marston.* Ed. J. O. Halliwell. London : J. R. Smith, 1856.

— in *The Works of John Marston.* Ed. A. H. Bullen. London : J. Nimmo, 1807. G. Olms : New York, 1970.

— in *The Plays of John Marston.* Ed. H. Harvey Wood. London and Edinburgh : Oliver and Boyd, 1934-1939.

— *The Wonder of Women, or the Tragedie of Sophonisba.* Ed. J. Kemp. New York and London : Garland, 1979.

— in *The Selected Plays of John Marston.* Ed. M. P. Jackson and M. Neill. London : Cambridge UP, 1986.

Eléments de bibliographie critique

McCulley, C. M. « John Marston. » *The New Intellectuals : A Survey and Bibliography of Recent Studies in English Renaissance Drama.* Eds. Terence P. Logan and Denzell S. Smith. Lincoln, Nebraska : U of Nebraska P, 1977.

Axelrad A. J. *Le Thème de Sophonisbe dans les principales tragédies de la littérature occidentale (Fance, Angleterre, Allemagne).* Travaux et Mémoires de l'Univ. de Lille, 1956.

Chauchaix, J. « Histoire et Mythe dans la *Sophonisbe* de J. Marston. » *Mythe et Histoire. Actes du Congrès de la Société Française Shakespeare. 1983.* Paris : Touzot, 1984. 127-145.

—. « Visages de femmes dans la Sophonisbe de J. Marston. » *Visages de la féminité.* Publication de l'Univ. de la Réunion, 1984. 41-56.

Ure, P. « John Marston's *Sophonisba* : a Reconsideration. » *The Durham Univ. Journal* ns 10. 3 (1949) : 81-90. Rpt. in *Elizabethan and Jacobean Drama.* Liverpool : Liverpool UP, 1974.

West M. and M. Thorssen. « Observations on the text of Marston's *Sophonisba.* » *Anglia* 98 (1980) : 348-356.

NOTICE BIOGRAPHIQUE

1576 : né sans doute à Coventry ; baptisé (7 octobre) à Wardington, Oxfordshire. Son père, John Marston, est issu d'une très vieille famille du Shropshire ; sa mère, Maria Guarsi, est la fille d'un chirurgien italien établi à Londres.

1592 : immatriculé à Brasenose College, Oxford (4 février).

1594 : admis au grade de Bachelier ès Arts. Réside au Middle Temple (peut-être à partir de 1595 seulement) jusqu'en 1606.

1597-1599 : partage l'appartement de son père, qui occupe d'importantes fonctions dans cette Ecole de Droit.

1598 : *The Metamorphosis of Pigmalions Image and Certaine Satyres.* C'est le début de la polémique entre Marston et Hall qui se poursuit dans *The Scourge of Villanie.*

1599 : les deux premiers ouvrages de Marston, parmi d'autres écrits satiriques, sont brûlés sur l'ordre de l'archevêque de Canterbury. La veine satirique se retrouve à des degrés divers dans la majorité des œuvres écrites pour le théâtre.

?1599-1600 : nouvelle querelle, la Guerre des Théâtres. *Deux comé*dies, *Histriomastix* et *Jack Drum's Entertainment* alimentent une polémique momentanée avec Jonson.

Un diptyque : *Antonio and Mellida,* qui mêle comédie et parodie des conventions comiques, et *Antonio's Revenge*, qui mêle tragédie et parodie des drames de la vengeance.

1601 : expulsé du Middle Temple (14 octobre), entre autres motifs, pour n'avoir pas payé ses frais de table. Réintégré le 27 novembre.

Contribue, avec Jonson, Shakespeare et Chapman, au recueil poétique de Robert Chester, *Love's Martyr* .

?1602 : *What You Will*, comédie.

?1603-1604 : *The Malcontent,* comédie « sérieuse » écrite pour les Children of the Queen's Revels, et dans sa seconde version, pour les King's Men. Marston la dédie à Jonson.

1604-1608 : actionnaire dans la troupe des Children of the Queens's Revels.

?1604 : *Parasitaster or the Fawne*, tragi-comédie.

1603 : écrit des vers élogieux pour *Sejanus* de Jonson.

?1605 : *Eastward Hoe* !, comédie écrite en collaboration avec Jonson et Chapman, et qui vaut à ceux-ci d'être emprisonnés ; Marston, qui est peut-être bien l'auteur des lignes satiriques à l'égard des Ecossais, semble avoir quitté Londres.

The Dutch Curtezan, tragi-comédie.

épouse Mary Wilkes, fille du Révérend Dr William Wilkes, chapelain de Jacques Ier.

1606 : radié définitivement du Middle Temple pour infraction au règlement. Réside peut-être principalement à Oxford, où il étudie la philosophie.

The Wonder of Women, or the Tragedie of Sophonisba, tragédie.

Ecrit un poème en latin en l'honneur du roi de Danemark venu rendre visite à Jacques Ier.

1607 : *Entertainment of Alice Dowager Countess of Derby.*

1608 : incarcéré quelque temps à Newgate (8 juin) sur ordre du Conseil privé, peut-être à cause d'une pièce, jouée par la Compagnie des Children of Blackfriars, dans laquelle il malmenait le roi et ses compatriotes.

1609 : ordonné diacre (24 septembre), puis prêtre (7 décembre), en l'église paroissiale de Stanton Harcourt (Oxfordshire).

?1609 : *The Insatiate Countess,* œuvre laissée inachevée par Marston, et complétée par William Barksteed.

1616 : obtient une charge ecclésiastique à Christchurch (Hampshire, le 10 octobre). Il ne reste pas une ligne de ses sermons.

Attaqué près de Knightsbridge (Essex) par un certain Sir George Sandes.

1624 : son fils John meurt en bas âge.

1631 : résigne sa charge ecclésiastique.

1633 : publication de ses pièces en un volume par William Sheares.

1634 : il meurt à Londres le 25 juin, incapable de signer son testament (rédigé le 17 juin). Enterré dans le chœur de Temple Church près de son père. Pour seule épitaphe : *Oblivioni Sacrum.*

1657 : mort de sa femme Mary Marston ; elle est inhumée à côté de lui.

LA TRAGÉDIE DE SOPHONISBE OU LA MERVEILLE DES FEMMES

To the generall Reader

Know, that I have not labored in this poeme, to tie my selfe to relate anything as an historian but to inlarge every thing as a Poet. To transcribe Authors, quote authorities, and translate Latin prose orations into English blank-verse, hath in this subject beene the least aime of my studies. Then (equall Reader) peruse me with no prepared dislike, and if ought shall displease thee thanke thy selfe, if ought please thee thanke not me, for I confesse in this it was not my onely end.

Jo[*hn*] *Marston.*

ARGUMENTUM

A gratefull harts just haight : Ingratitude.
And vowes base breach with worthy shame persu'd
A womans constant love as firm as fate
A blamelesse Counsellor well borne for state
The folly to inforce free love. These know
This subject with full light doth amply show.

A TOUT LECTEUR

Sache que mon labeur en ce poème s'est astreint non à relater les choses en historien, mais à les grandir toutes en poète. Transcrire autres auteurs, citer autorités, translater discours de prose latine en vers blancs anglais, voilà qui a été le moindre de mes soucis. Or donc, équitable lecteur, parcours-moi sans prévention, et si tu en reçois quelque déplaisir, n'en rends grâces qu'à toi-même, et si quelque plaisir, ne m'en rends point grâces, car j'avoue que ce n'est pas là que j'ai placé mon unique fin.

Jo[*hn*] Marston.

ARGUMENT

Gratitude d'un cœur juste et haut ; d'un ingrat
Bassesse, foi brisée, honte suivant ses pas ;
Forts comme le Destin, vœux constants d'une femme ;
Né pour servir l'Etat, bon conseiller sans blâme ;
Fol effort pour forcer l'amour, sa liberté :
Voilà ce qu'amplement illustre mon sujet.

INTERLOCUTORES

Massinissa. Syphax.	*Kings in Lybia rivals for Sophonisba.*
Asdrubal.	*Father to Sophonisba.*
Gelosso.	*A Senator of Carthage.*
Bytheas.	*A Senator of Carthage..*
Hanno Magnus.	*Captaine for Carthage.*
Jugurth.	*Massinissas Nephew.*
Scipio. Laelius.	*Generals of Rome.*
Vangue.	*An Ethiopian slave.*
Carthalon.	*A Senator of Carthage.*
Gisco.	*A Surgeon of Carthage.*
Nuntius.	
Sophonisba.	*Daughter to Asdrubal of Carthage.*
Zanthia.	*Her maide.*
Erictho.	*An Inchantres.*
Arcathia. Nycea.	*Waiting women to Sophonisba.*

[Presenter of the Prologue, Pages, Boys, Ushers, Attendants, Guard, Soldier.]

PERSONNAGES

Massinisse Syphax	rois de Libye, amants rivaux de Sophonisbe
Hasdrubal,	père de Sophonisbe
Gelosso,	sénateur de Carthage
Butheas,	sénateur de Carthage
Hannon Magne,	capitaine de Carthage
Jugurtha,	neveu de Massinisse
Scipion Laelius	généraux de Rome
Bangui,	esclave éthiopien
Carthalon,	sénateur de Carthage
Giscon,	chirurgien de Carthage
Nuntius	
Sophonisbe,	fille d'Hasdrubal le Carthaginois
Xanthie,	sa chambrière
Erictho,	enchanteresse
Arcathie Nycée	suivantes de Sophonisbe

[Prologue, Pages, Enfants, Huissiers, Serviteurs, Garde, Soldat]

Prologus.

Cornets sound a march.

Enter at one dore the Prologue : too Pages with torches : Asdrubal and Jugurth : too Pages with lights : Massinissa leading Sophonisba : Zanthia bearing Sophonisbas traine : Arcathia and Nycea : Hanno and Bytheas. At the other dore too Pages with targets and Javelines, too Pages with lights, Syphax armd from top to toe, Vangue followes.

These thus entred, stand still,
whilst the Prologue resting betweene
both troups speakes.

The Sceane is Lybia, and the subject thus.
Whilst Carthage stoode the onely awe of Rome,
As most imperiall seate of Lybia,
Governd by Statsmen each as great as Kings
(For seventeen Kings were Carthage feodars)
Whilst thus she florishd, whilst hir Hannibal
Made Rome to tremble, and the Wals yet pale :
Then in this Carthage Sophonisba liv'd
The farre fam'd daughter of great Asdrubal.
For whom ('mongst others) potent Syphax sues
And well grac'd Massinissa rivals him
Both Princes of proud Scepters : but the lot
Of doubtfull favour Massinissa grac'd
At which Syphax grows blacke : For now the night
Yeelds loud resoundings of the nuptiall pompe :
Apollo strikes his Harpe : Hymen his Torch

Prologue

Des cornets jouent une marche.

Par l'une des portes entrent le Prologue, deux Pages avec des torches, Hasdrubal et Jugurtha, deux Pages avec des flambeaux, Massinisse conduisant Sophonisbe, Xanthie portant la traîne de Sophonisbe, Arcathie et Nycée, Hannon et Butheas ; par l'autre porte, deux Pages avec targes et javelots, Syphax armé de pied en cap ; Bangui le suit.

Après cette entrée, ils demeurent immobiles,
tandis que le Prologue, placé entre les deux groupes,
s'exprime ainsi :

La scène est en Lybie, et le sujet est tel :
Quand Rome n'avait plus à craindre que Carthage,
Capitale où siégeait l'empire de Lybie,
Que gouvernaient — chacun aussi grand qu'un monarque —
Dix-sept hommes d'Etat, oui, dix-sept feudataires,
Quand telle était sa force, et que son Hannibal
Faisait Rome trembler, ses murs encor pâlir,
C'est en cette Carthage que vivait Sophonisbe,
La fille renommée du très-grand Hasdrubal.
Se disputent son cœur, entres autres, le puissant
Syphax, et Massinisse, rival plein de mérites,
Tous deux princes au sceptre altier, mais la faveur
Tourne toute au profit enfin de Massinisse ;
Noir dépit de Syphax, car voici que la nuit
Retentit des éclats de la pompe nuptiale,
Mêlant torche d'Hymen et harpe d'Apollon,

Whilst lowring Juno with ill-boding eye
Sits envious at too forward Venus : Loe
The instant night : And now ye worthier minds
To whom we shall present a female glory
(The wonder of a constancie so fixt
That Fate it selfe might well grow envious)
Be pleasd to sit such as may merrit oile
And holy dew stil'd from diviner heat,
For rest thus knowing, what of this you heare,
The Author lowly hopes, but must not feare.
For just worth never rests on popular frowne,
To have done well is faire deeds onely crowne.

Nec se quaesiverit extra.

Cornets sound a March,
the Prologue leads Massinissas troupes over the Stage,
and departs : Syphax troupes onely stay.

Actus Primi. Scena prima.

Syphax and Vangue.

Sy. Syphax, Syphax, why wast thou cursd a King?
What angry God made thee so great, so vile?
Contemd, disgraced, thinke, wert thou a slave
Though Sophonisba did reject thy love
Thy low neglected head unpointed at
Thy shame unrumord and thy sute unskoffd
Might yet rest quiet : Reputation
Thou awe of fooles and greatmen : thou that choakst
Freest addictions, and makst mortals sweat
Bloud and cold drops in feare to loose, or hope
To gaine thy never certaine seldome worthy gracings.
Reputation!
Wert not for thee Syphax could beare this skorne
Not spouting up his gall among his bloud
In blacke vexations : Massinissa might

Cependant que Junon, d'un œil noir et jaloux,
Surveille l'impudique Vénus. Mais la nuit presse.
Et maintenant, pour vous, ô valeureux esprits,
Nous allons présenter un féminin prodige,
La merveille d'un cœur si fermement constant
Que le Destin lui-même la pourrait jalouser.
Comme qui peut prétendre à l'huile, à la rosée
Sacrée qu'un feu divin distille, prenez place
En sachant bien ceci : être entendu de vous,
L'auteur n'y compte guère, sans craindre, malgré tout :
Des belles actions seul fait le juste prix
L'art de bien faire et non un vulgaire sourcil.

Nec se quaesiverit extra.

Des cornets jouent une marche ;
le Prologue, accompagné par Massinisse et sa suite,
traverse la scène et se retire ; seuls restent Syphax et sa suite.

Acte I, Scène i

Syphax et Bangui.

Syphax. Syphax, Syphax, qui te maudit, qui te fit roi ?
Quel dieu, dans son courroux, te mit si haut, si bas ?
Toi, méprisé, honni ? Si tu étais esclave,
Pense que Sophonisbe t'aurait beau rejeter,
Ton front bas, ignoré, par nul doigt désigné,
Ta honte non publique, et tes vœux non raillés
Reposeraient du moins en paix. O Renommée,
Toi, la terreur des fous et des Grands, qui étrangles
Les plus nobles élans, toi, pour qui les mortels
Versent larmes de sang, sueurs froides, de peur
De perdre, ou pour gagner ton prix jamais certain,
Si souvent dérisoire ; sans toi, ô Renommée,
Syphax supporterait aisément ce mépris
Sans répandre en son sang les noires émissions
D'une bile chagrine : Massinisse pourrait

Injoy the sweets of his preferred graces
Without my dangerous Envy or Revenge.
Wert not for thy affliction all might sleepe
In sweete oblivion : But (O greatnes skourge !)
We cannot without Envie keepe high name
Nor yet disgrac'd can have a quiet shame.

Va. Scipio —

Sy. Some light in depth of hell : Vangue what hope ?

Va. I have receavd assur'd intelligence
That Scipio Romes sole hope hath raisd up men
Drawne troupes together for invasion —

Sy. Of this same Carthage.

Va. With this pollicie
To force wild Hannibal from Italy —

Sy. And draw the war to Affricke.

Va. Right.

Sy. And strike
This secure countrey with unthought of armes.

Va. My letters beare he is departed Rome
Directly setting course and sayling up —

Sy. To Carthage, Carthage, O thou eternall youth
Man of large fame great and abounding glory
Renounefull Scipio, spread thy too-necked Eagles,
Fill full thy sailes with a revenging wind,
Strike through obedient Neptune, till thy prows
Dash up our Lybian ouse, and thy just armes
Shine with amazfull terror on these wals,
O now record thy Fathers honord bloud
Which Carthage drunke, thy Uncle Publius bloud
Which Carthage drunke, thirty thousand soules
Of choice Italians Carthage set on wing :
Remember Hannibal, yet Hannibal

Savourer l'heur de voir ses charmes préférés
Sans le danger de mon envie, de ma vengeance.
Sans ton affliction, tout dans le doux sommeil
De l'oubli glisserait : mais (ô fléau des Grands !)
Perdre un haut nom, qu'on garde au prix de tant d'envie,
Ne nous permet pas même une honte paisible.

Bangui. Scipion —

Syphax. Quelle lueur au profond de l'enfer ?
O Bangui, quel espoir ?

Bangui. Je sais de source sûre
Que Scipion, seul espoir de Rome, ayant levé
Des troupes, les a jointes et qu'il veut envahir —

Syphax. Carthage, notre ville ?

Bangui. Et, par ce stratagème,
Débusquer le féroce Hannibal d'Italie —

Syphax.
Porter aussi la guerre en Afrique ?

Bangui. Oui.

Syphax. Frapper
Ce tranquille pays d'armes insoupçonnées ?

Bangui. On me mande qu'il vient juste de quitter Rome,
Qu'il avance tout droit et qu'il fait voiles vers —

Syphax. Vers Carthage, Carthage ! O toi, jeune immortel,
Homme au vaste renom, et dont la gloire abonde,
Prestigieux Scipion, déploie tes doubles aigles,
Du vent de la vengeance enfle tes voiles, frappe
Neptune subjugué, viens de tes proues heurter
Notre limon lybien, et que tes justes armes
De leur terrible éclat étonnent ces murailles !
Songe à présent au sang glorieux de ton père,
Que but Carthage, au sang de Publius, ton oncle,
Que but Carthage, à ces trente mille Italiens
D'élite, dont Carthage a libéré les âmes ;
Et songe à Hannibal, oui, toujours Hannibal,

The consul-queller: O then inlarge thy hart
Be thousand soules in one, let all the breath
The spirit of thy name and nation be mixt strong
In thy great hart: O fall like thunder shaft
The winged vengeance of incensed Jove
Upon this Carthage: for Syphax here flies off
From all allegeance, from all love or service
His (now freed) scepter once did yeeld this Cittie.
Yee universall Gods, Light, Heate, and Ayre
Prove all unblessing Syphax if his hands
Once reare them selves for Carthage but to curse it.
It had beene better they had changd their faith,
Denide their Gods, then sleighted Syphax love
So fearefully will I take vengeance.
I'le interleague with Scipio. Vangue.
Deere Ethiopian Negro, goe wing a vessell
And fly to Scipio: say his confederate
Vowd and confirmd is Syphax: bidd him hast
To mix our palmes and armes: will him make up
Whilst we are in the strength of discontent
Our unsuspected forces well in armes
For Sophonisba, Carthage, Asdrubal
Shall feele their weaknes in preferring weaknes
And one lesse great then we, to our deere wishes
Haste gentle Negro, that this heape may knowe
Me, and their wronge.

Va. Wronge?

Sy. I, tho twere not, yet knowe while Kings are stronge
What thei'le but thinke and not what is, is wrong.
I am disgrac'd in, and by that which hath
No reason, Love, and Woman, my revenge
Shall therefore beare no argument of right.
Passion is Reason when it speakes from Might.
I tell thee, man, nor Kings, nor Gods exempt
But they grow pale if once they find Contempt:
Haste.

Exeunt.

Le dompteur de consuls ! Or donc, gonfle ton cœur,
Sois mille âmes en une ; que, de toute sa force,
L'esprit de ta nation et de ton nom, mêlés,
Insuffle ton grand cœur ! Tel le dard de la foudre,
Le trait aérien que Jupiter fulmine,
Viens, tombe sur Carthage ! A qui Syphax retire
Toute allégeance, amour, services, dont jadis
Son sceptre, désormais affranchi, la combla.
Vous, dieux universels, lumière, chaleur, air,
Frappez de mille maux Syphax si, pour Carthage,
Il lève un jour ses mains et ne la maudit pas !
Mieux eût valu pour eux changer de religion
Et renier leurs dieux, que meurtrir mon amour,
Tant je vais me venger épouvantablement.
Je veux avec Scipion me liguer : cher Bangui,
O mon noir Ethiopien, cours gréer un vaisseau
Et vole vers Scipion ; dis-lui qu'il a Syphax
Pour allié déclaré et juré ; qu'il se hâte
D'unir nos bras, nos palmes ; presse-le de rejoindre,
Quand notre déplaisir est au plus fort, nos troupes
En grand secret armées, prêtes pour le combat ;
Sophonisbe, Carthage, Hasdrubal sentiront
Leur faiblesse d'avoir un faible préféré,
Un moins puissant que nous ! Cours accomplir nos vœux,
Cours, aimable Ethiopien ! Que cette clique apprenne
Qui je suis, et leur tort.

Bangui. Leur tort ?

Syphax. Oui, fût-il nul,
Car il te faut savoir que, lorsqu'un roi est fort,
Seul ce qu'il pense, non ce qui est, fait le tort.
Femme, amour, ce qui cause et constitue ma honte
Est privé de raison. Aussi bien ma vengeance
Ne prendra point la peine de se fonder en droit.
Passion est raison quand parle un puissant roi.
Ami, tu peux m'en croire : roi, dieu, qui ne blémit
Dès qu'une fois il tombe sous le coup du mépris ?
Hâte-toi !

Ils sortent.

Scena Secunda.

Enter Arcathia, Nycea with Tapers, Sophonisba in her night attyre followed by Zanthia.

So. Watch at the dors: and till we be repos'd
Let no one enter: Zanthia undoe me.

Za. With this motto under your girdle
You had bin undone if you had not bin undone.
Humblest service.

So. I wonder Zanthia why the custome is
To use such Ceremonie such strict shape
About us women: forsooth the Bride must steale
Before her Lord to bed: and then delaies
Long expectations all against knowne wishes.
I hate these figures in locution
These about phrases forc'd by Ceremonie
We must still seeme to flie what we most seeke
And hide our selves from that we faine would find us.
Let those that thinke and speake and doe just actes
Know forme can give no vertue to their actes
Nor detract vice.

Za. 'las faire Princes, those that are strongly form'd
And truely shapt may naked walke, but we
We things cal'd women, onely made for show
And pleasure, created to beare children
And play at shuttle-coke, we imperfect mixtures
Without respective Ceremonie us'd
And ever complement, alas what are we?
Take from us formall custome and the curtesies
Which civill fashion hath still us'd to us
We fall to all contempt. O women how much
How much are you beholding to Ceremony.

Scène ii

Entrent Arcathie et Nycée, portant des chandelles ;
Sophonisbe vêtue pour la nuit, suivie de Xanthie.

Sophonisbe. Sur ces portes veillez et que nul n'entre avant
Que nous reposions ! Çà, Xanthie, défais-moi !

Xanthie. Voici une devise à garder sous ton ceste :
Ta défaite serait de n'être pas défaite.
Ta très humble servante.

Sophonisbe. Dis-moi pourquoi, Xanthie, mais pourquoi la [coutume
Veut ce cérémonial, cette stricte étiquette
Pour nous les femmes : vrai, qu'il faille, en tapinois,
Gagner le lit nuptial avant l'époux, attendre,
Laisser longtemps languir des vœux pourtant connus !
J'abhorre ces figures et circonlocutions,
Ces formes détournées que l'étiquette exige ;
Au plus vif du désir faire l'effarouchée,
Ce qu'on aime à trouver feindre de s'en cacher !
Quiconque pense, parle, agit selon justice,
Doit savoir que jamais forme ne fait vertu
Ni ne blanchit le vice.

Xanthie. Hélas ! belle princesse, aller tout nu, c'est bon
Pour ceux qui forts et purs sont façonnés, mais nous,
Objets appelés femmes, nous faites pour la montre
Et le plaisir, créées pour porter des enfants
Et jouer au volant ; nous, imparfaits mélanges,
Quand cessent envers nous égards, cérémonies
Et toute politesse, hélas ! que sommes-nous ?
Qu'on nous ôte les formes et les civilités
Que l'usage nous a jusqu'ici préservées,
Nous tombons au plus bas ! O femmes, quelle dette,
Quelle dette est la vôtre envers les étiquettes !

So. You are familiar. Zanthia my shooe.

Za. Ti's wonder Madam you treade not awry.

So. Your reason Zanthia.

Za. You goe very high.

So. Harke, Musicke, Musicke.

The Ladies lay the Princes in a faire bed, and close the curtaines whil'st Massinissa enters.

Ny. The Bridegrome.

Ar. The Bridegrome.

So. Hast good Zanthia, helpe, keepe yet the dores.

Za. Faire fall you Lady, so, admit admit.

Enter Foure boyes antiquely attiered with bows and quivers dauncing to the Cornets, a phantastique measure, Massinissa in his night gowne led by Asdrubal and Hanno followed by Bytheas and Jugurth. The boyes draw the Curtaines discovering Sophonisba to whom Massinissa speakes.

Ma. You powers of ioy: Gods of a happie bed
Show you are pleas'd, sister and wife of Jove
High fronted Juno and thou Carthage Patron
Smoth chind Appollo, both give modest heat
And temperat graces.

Sophonisbe. Propos bien familiers ! Çà, Xanthie, ma chaussure !

Xanthie. C'est merveille, madame, si vous ne trébuchez !

Sophonisbe. Et pourquoi donc, Xanthie ?

Xanthie. D'aller si haut perchée.

Sophonisbe. Chut ! Chut ! de la musique !

Les Dames étendent la Princesse sur un lit d'apparat, et, comme elles tirent les rideaux, Massinisse entre.

Nycée. L'époux royal !

Arcathie. L'époux royal !

Sophonisbe. Vite, Xanthie, à l'aide ! Non, n'ouvrez pas encore !

Xanthie. Le Ciel vous comble d'heur ! Laissez, laissez entrer !

Entrent quatre enfants vêtus à l'antique et portant flèches et carquois. Ils exécutent, au son des cornets, un pas de danse fantasque ; Massinisse, vêtu pour la nuit, précédé d' Hasdrubal et de Hannon, et suivi de Butheas et de Jugurtha. Les enfants ouvrent les rideaux, laissant voir Sophonisbe à laquelle s'adresse Massinisse.

Massinisse. Montrez-nous votre joie, dieux d'un heureux hymen,
Et toi, ô sœur-épouse de Jupiter, Junon
Au front altier, et toi, protecteur de Carthage,
Apollon aux joues lisses, accordez-nous tous deux
Une modeste ardeur, des grâces tempérées !

Massinissa draws a ribbon forth of the bed as from the waste of Sophonisba.

Loe I unloose thy waste,
She that is just in love is Godlike chaste:
Io to Hymen.

Chorus with cornets, Organ and voices. Io to Hymen.

So. A modest silence tho'te be thought
A virgins beautie and hir highest honor
Though bashfull fainings nicely wrought
Grace hir that vertue takes not in, but on hir
What I dare thinke I boldly speake
After my word my well bold action rusheth.
In open flame then passion breake
Where Vertue prompts, thought, word, act never [blusheth.
Revenging Gods whose Marble hands
Crush faithlesse men with a confounding terror
Give me no mercy if these bands
I covet not with an unfained fervor
Which zealous vow when ought can force me t' lame
Load with that plague Atlas would groane at, shame.
Io to Hymen.

Chorus. Io to Hymen.

Asd. Live both high parents of so happy birth
Your stemms may touch the skies and shaddow earth
Most great in fame more great in vertue shining
Prosper O powers a just, a strong divining.
Io to Hymen.

Massinisse, près du lit, retire un ruban blanc, comme s'il l'avait pris à la taille de Sophonisbe.

Massinisse. Vois, je délie ta taille,
Femme d'un juste amour est divinement chaste.
Io à Hymen !

Chœur accompagné par les cornets, l'orgue et les cris de Io à Hymen !

Sophonisbe. Bien qu'un prude silence aux yeux du monde fasse
Le charme d'une vierge et son plus bel honneur,
Qu'à bien sembler rougir gagne un renom de grâce
Celle dont la vertu n'est qu'en extérieur,

Ce que j'ose penser, moi, sans peur, je l'exprime,
Et fais suivre mes mots d'actes non moins hardis.
Qu'au jour éclate donc la flamme qui m'anime !
La vertu sans rougir pense, parle et agit.

Dieux vengeurs, dont les mains de marbre, en leur étreinte,
Broient, éperdus d'effroi, les perfides humains,
N'ayez nulle pitié pour moi, si ces liens

Je ne les chéris pas d'une ferveur non feinte.
Sur moi, faites tomber, si ces vœux trébuchaient,
Tel poids d'ignominie qu'Atlas en gémirait !
Io à Hymen !

Chœur : Io à Hymen !

Hasdrubal. Vivez, vivez tous deux,
O nobles fondateurs d'un si heureux lignage !
Qu'il monte jusqu'aux cieux, qu'il ombrage la terre,
Grand de gloire, et plus grand d'éclatante vertu !
Prophétie juste et forte, des dieux soit bien reçue !
Io à Hymen !

Chorus. Io to Hymen.

Enter Carthalon his sword drawne,
his body wounded, his shield strucke full of darts:
Massinissa being reddy for bedde.

Car. To bold harts Fortune, be not you amazd
Carthage O Carthage: be not you amazd.

Ma. Jove made us not to feare, resolve, speake out,
The highest misery of man is doubt:
Speake Carthalon.

Car. The stooping Sun like to some weaker Prince
Let his shads spread to an unnaturall hugenesse
When we the campe that lay at Utica
From Carthage distant but five easie leagues
Discride from of the watch three hundred saile
Upon whose tops the Roman Eagles streachd
Their large spread winges, which fan'd the evening ayre
To us cold breath, for well we might discerne
Rome swam to Carthage.

Asd. Hanniball our ancor is come backe, thy slight
Thy Stratagem to lead warre unto Rome
To quite our selves, hath taught now desperat Rome
T'assaile our Carthage. Now the warre is here.

Ma. He is nor blessd nor honest that can feare.

Han. I but to cast the worst of our distresse —

Ma. To doubt of what shall be is wretchednesse.
Desier, Feare, and Hope, receave no bond
By whom, we in our selves are never but beyond.
On.

Car. Th'allarum beates necessitie of fight.
Th'unsober evening drawes out reeling forces
Souldiers halfe men, who to their colors troupe
With fury, not with valor: whilst our ships
Unrigd, unusd, fitter for fier then water
We save in our bard haven from surprise.

Chœur : Io à Hymen !

Entre Carthalon, blessé, le glaive à la main,
le bouclier hérissé de flèches ;
Massinisse s'apprête à se coucher.

Carthalon. Fortune aux audacieux ! Qu'à l'effroi nul ne cède !
O Carthage, Carthage ! Qu'à l'effroi nul ne cède !

Massinisse. Jupiter nous en fit exempt ; parle, j'écoute,
Il n'est pire malheur que de rester en doute.
Parle donc, Carthalon !

Carthalon. Le soleil déclinant, tel un prince affaibli,
Laissait l'ombre grandir prodigieusement,
Lorsque, depuis Utique où nous campions — Carthage
N'est qu'à cinq lieues de là, cinq lieues de bon chemin —,
Nos guetteurs aperçurent au large trois cents voiles
Dont les mâts arboraient autant d'aigles romaines,
Qui, déployant leurs ailes, éventaient l'air du soir,
Pour nous souffle glacé : car la chose était claire,
Rome allait sur Carthage.

Hasdrubal. Notre ancre de salut, Hannibal, lâche prise :
Ton rusé stratagème, porter la guerre à Rome,
Pour nous mieux dégager, Rome aux abois l'adopte
Pour assaillir Carthage : vois, la guerre est ici !

Massinisse. Qui d'effroi est capable, malheur, honte sur lui !

Hannon. Oui, mais bien soupeser jusqu'où notre détresse —

Massinisse. Peur de ce qui doit être est coupable faiblesse :
Désir, frayeur, espoir sur rien ne trouvent prise ;
Ils nous font basculer hors de notre maîtrise.
Poursuis.

Carthalon. L'alarme retentit, convoquant au combat
Nos soldats chancelants, tirés d'un soir d'ivresse,
Hommes diminués, à rallier leurs couleurs
Plus enragés que braves ; nos vaisseaux non gréés,
Hors d'usage, mieux faits pour le feu que pour l'eau,
Nous les laissons au port, à l'abri des surprises.

By this our army marcheth toward the shore,
Undisciplind young men most bold to doe
If they knew how, or what, when we discrie
A mightie dust beate up with horses hoves,
Straight Roman ensignes glitter: Scipio.

Asd. Scipio.

Car. Scipio advanced like the God of blood
Leads up grim war, that father of foule wounds
Whose sinowy feete are steepd in gore, whose hideous voice
Makes turrets tremble, and whole Citties shake
Before whose browes flight and disorder hurry
With whom March Burnings, Murder, Wrong, Waste, Rapes
Behind whom a sad traine is seene, Woe, Feares
Tortures, Leane Neede, Famine, and helplesse teares.
Now make we equall stand in mutuall vew.
We judg'd the Romans eighteen thousand foote
Five thousand Horse, we almost doubled them
In number not in vertue: yet in heate
Of youth and wine jolly and full of bloud.
We gave the signe of battle: shouts are raisd
That shooke the heavens: Pell Mell our armys joyne
Horse, targets, pikes all against each opposd
They give fierce shoke, arms thundred as they closd
Men cover earth which straight are covered
With men and earth: yet doubtfull stood the fight
More faire to Carthage; when loe as oft you see
In mines of gold, when laboring slaves delve out
The richest ore, being in suddaine hope
With some unlookt for vaine to fill their buckets
And send huge treasure up, a suddaine damp
Stifles them all, their hands yet stuffd with gold,
So fell our fortunes for looke as wee stood proud
As hopefull victors, thinking to returne
With spoiles worth triumph, wrathfull Syphax lands
With full ten thousand strong Numidian horse
And joynes to Scipio, then loe we all were damp't
We fall in glusters and our wearied troups
Quit all: slaughter ran threw us straight, we flie

Là-dessus notre armée fait marche vers la grève,
Troupe indisciplinée, jeunes prêts à tout faire,
Sans savoir quoi ni comme : alors un grand nuage
De poussière surgit, battu par les sabots ;
Traversé aussitôt d'éclairs ; ce sont de Rome
Les enseignes ; Scipion —

Hasdrubal. Scipion !

Carthalon. Tel le dieu du carnage, en tête, Scipion mène
L'inexorable guerre, mère de plaies immondes,
Dans le sang, elle trempe ses pieds nerveux, secoue
De sa hideuse voix tours et cités entières ;
Son regard darde au loin déroutes et défaites ;
Incendies, crime, tort, ruine, viols l'escortent ;
Elle a pour triste suite deuil, effrois et tortures,
Maigre nécessité, faim, pleurs de désespoir.
Nous voilà face à face. On fait halte, on s'observe.
Leurs fantassins, nos yeux les jugent dix huit mille,
Leurs cavaliers, cinq mille ; nous étions près du double,
En nombre, mais non pas en vertu ; chauds pourtant
De jeunesse et de vin, joyeux, le sang bouillant,
Nous donnons le signal du combat ; des cris montent
Qui ébranlent les cieux ; nos armées s'entremêlent ;
Cavaliers, boucliers, piques partout s'affrontent,
Féroces chocs, fracas des armes qui se heurtent ;
Des corps couvrent la terre, aussitôt recouverts
D'autres corps et de terre. L'issue, bien que douteuse,
Pour Carthage penchait, quand, hélas ! comme on voit,
Aux mines d'or peinant, des esclaves en quête
Du plus précieux métal, lors même qu'ils espèrent,
D'un filon rencontré par chance, remonter
Des trésors à pleins seaux, périr en suffoquant
Dans une explosion, les poings tout farcis d'or,
Tel tourna notre sort ; car, alors que, tout fiers,
Victorieux en pensée, nous songions aux trophées
D'un triomphal retour, Syphax furieux survient ;
Dix mille cavaliers, de robustes Numides,
Il apporte à Scipion. Las ! tous nous faiblissons.
Nos troupes harassées, rompant les rangs, éparses,
Lâchent tout. Le carnage perce droit dans nos rangs.

Romans pursue, but Scipio sounds retraite
As fearing traines and night: we make amaine
For Carthage most, and some for Utica
All for our lives: new force, fresh armes with speed
You have sad [1] truth of all: no more. I bleede.

By. O wretched fortune.

Ma. Old Lord spare thy hayres.
What dost thou thinke baldnesse will cure thy greefe?
What decree the Senate?

Enter Gelosso with Commissions in his hand seald.

Gel. Aske old Gelosso who returnes from them
Informd with fullest charge. Strong Asdrubal
Great Massinissa Carthage Generall
So speakes the Senate: Counsell for this warre
In Hanno magnus, Bytheas, Carthalon
And us Gelosso rests: Imbrace this charge
You never yet dishonord Asdrubal
High Massinissa by your vowes to Carthage
By God of great men Glory, fight for Carthage.
Ten thousand strong Massulians readie troupt
Expect their King, double that number waites
The leading of lovd Asdrubal; beate lowde
Our Affrike drummes, and whil'st our o're-toild foe
Snores on his unlacd cask, all faint though proud
Through his successfull fight strike fresh allarmes.
Gods are not if they grace not bold just armes.
Ma. Carthage thou straight shalt know
Thy favoures have beene done unto a king.

---

1 *sad* : leçon proposée par Harvey Wood. Q et O:*said*.

Nous fuyons, les Romains sur nos pas, mais Scipion
Fait sonner la retraite, craignant pièges et nuit.
Nous gagnons à la hâte Carthage, la plupart,
Et quelques uns Utique. Pour tous sauve qui peut.
—Vite, trouvons des forces neuves, des armes fraîches !
Hélas ! vous savez tout ; il suffit : mes plaies saignent.

Butheas. O piteuse fortune !

Massinisse. Messire, épargnez donc
Votre tête chenue ! Aurez-vous moins de deuil
Lorsque vous serez chauve ? Qu'ordonne le Sénat ?

Entre Gelosso, portant des mandats scellés.

Gelosso. Demandez donc au vieux Gelosso, qui en vient
Pleinement mandaté. O puissant Hasdrubal,
Et toi, grand Massinisse, général de Carthage,
Le Sénat parle ainsi : « Que soient, pour cette guerre,
Conseillers Carthalon, Buthéas, Hannon Magne,
Et Gelosso —nous-même ». Assumez cette charge,
Hasdrubal à l'honneur sans tache, haut Massinisse,
Par vos serments envers Carthage, et par le dieu
Des grands hommes, la gloire, combattez pour Carthage !
Dix mille forts Massyles, en rangs déjà, attendent
Leur roi ; deux fois plus d'hommes se préparent aux ordres
De leur cher Hasdrubal ; battez, tambours d'Afrique !
Tandis que l'ennemi, sur son casque défait,
Ronfle amolli, fourbu, bien que fier du succès,
Battez l'appel aux armes. Non, dieux, vous n'êtes pas
Si vous n'aidez un juste, audacieux combat !

Massinisse. Carthage, sur le champ, je m'en vais te mon-
[trer
Qu'en roi agit celui que tu viens d'honorer.

Exit with Asdrubal and the Page.

So. My Lords t'is most unusuall such sad haps
Of suddeine horror, should intrude mong beds
Of soft and private loves; but strange events
Excuse strange form's. O you that know our bloud
Revenge if I doe faine: I here protest
Though my Lord leave his wife a very mayde,
Even this night instead of my soft armes
Clasping his well strong lims with glossfull steele,
Whats safe to Carthage shall be sweete to me.
I must not, nor I am once ignorant
My choyse of love hath given this suddein danger
To yet strong Carthage: t'was I lost the fight,
My choice vext Syphax, inrag'd Syphax struk
Armes fate: yet Sophonisba not repents,
O we were Gods if that we knew events.
But let my Lord leave Carthage, quit his virtue
I will not love him, yet must honor him,
As still good Subjects must badd Princes: Lords
From the most ill-grac'd Hymeneall bedde
That ever Juno frown'd at, I intreat
That you'le collect from our loose form'd speach
This firme resolve: that no loe Appetite
Of my sex weaknes, can or shall orecome
Due gratefull service unto you, or virtue.
Witnesse ye Gods I never untill now
Repin'd at my creation; now I wish
I were no woman, that my armes might speake
My hart to Carthage: but in vaine, my tongue
Sweares I am woman still: I talke to long.

Il sort, en compagnie d'Hasdrubal et du Page.

Sophonisbe. La coutume n'est pas, seigneurs, que tels malheurs
Et soudaines horreurs aux tendres privautés
De l'hyménée se mêlent ; mais étrange accident
Excuse étranges formes. O vous qui connaissez
Mon sang, dieux, vengez-vous si je mens. Je l'atteste,
Mon seigneur peut quitter sa femme toujours vierge,
Echanger ce soir même mes doux bras pour l'acier
Qui de sa glace enserre ses membres vigoureux,
J'aurai pour agréable ce qui sauve Carthage.
Je ne dois ignorer, et je n'ignore pas
Que mon choix amoureux mit soudain en danger
Carthage restée forte ; de moi vint la défaite.
Mon choix blessa Syphax, Syphax furieux frappa,
Coup fatal, dont pourtant je n'ai nul repentir :
Dieux nous serions, si nous connaissions l'avenir.
Mais que de sa vertu mon seigneur se défasse,
Qu'il trahisse Carthage, je ne l'aimerai plus,
Tout en gardant pour lui l'honneur qui lui est dû,
Comme tout bon sujet le doit au mauvais prince.
Seigneurs, depuis le lit nuptial le moins choyé
Parmi ceux dont Junon s'offusqua, je vous prie,
Si mal formés que soient nos propos, d'y saisir
Ce très ferme dessein : de notre faible sexe
Nul vil désir ne peut, ne pourra l'emporter
Sur ce que je vous dois, à vous, à la vertu.
Je vous prends à témoins, dieux : jamais, jusqu'ici,
D'être femme je n'ai gémi ; mais à présent
Je voudrais ne plus l'être, et que mon bras pût dire
Tout mon cœur pour Carthage. En vain, hélas ! ma langue
Femme ici me proclame : trop longue est ma harangue.

Cornets a march. Enter two Pages with targets and Javelins, two Pages with torches. Massinissa arm'd a cape a pee. Asdrubal arm'd.

Ma. Ye Carthage Lords: know Massinissa knowes
Not only terms of honor: but his actions
Nor must I now inlarge how much my cause
Hath dangerd Carthage but how I may show
My selfe most prest to satisfaction.
The loathsome staine of Kings Ingratitude
From me O much be farre, and since this torrent
Warres rage admits no Ancor: since the billow
Is risen so high we may not hull but yeelde
This ample state to stroke of speedy swords
What you with sober hast have well decreed
Weele put to suddaine armes: no not this night
These dainties this first fruits of nuptials
That well might give excuse for feeble lingrings
Shall hinder Massinissa. Appetite
Kisses, loves, dalliance and what softer joyes
The Venus of the pleasingst ease can minister
I quit you all: Vertue perforce is Vice
But he that may, yet holds, is manly wise.
Loe then ye Lords of Carthage, to your trust
I leave all Massinissas treasure. By the oath
Of right good men stand to my fortune just.
Most hard it is for great harts to mistrust.

Car. We vow by all high powers.

Ma. No doe not sweare.
I was not borne so small to doubt or feare.

So. Worthy my Lord.

Ma. Peace my eares are steele
I must not heare thy much inticing voice.

So. By Massinissa, Sophonisba speakes
Worthy his wife: goe with as high a hand

Cornets jouant une marche. Entrent deux Pages, portant boucliers et javelots, deux autres portant des torches. Massinisse armé de pied en cap ; Hasdrubal en armes.

Massinisse. Vous, seigneurs de Carthage, sachez que Mas- [sinisse
Sait en homme d'honneur, mieux que parler : agir.
Plutôt que discourir ici sur le danger
Que Carthage a couru par ma cause, montrons
Comment offrir, nous-même, prompte réparation.
Loin de moi, oui, très loin, l'odieuse souillure
Des rois : l'ingratitude ! Et puisque, de la guerre,
Le flot rageur, brisant toute amarre, est si haut
Qu'on ne se peut laisser porter, mais qu'il nous faut
Fuir nos aises, frapper dur et fort de nos glaives,
Ce qu'a su décréter votre prudente hâte
Nos armes sur le champ le vont exécuter.
Ce n'est pas cette nuit,
Non, que menues douceurs, prémices de l'hymen,
Qui aux molles lenteurs pourraient donner prétexte,
Retiendront en ces lieux Massinisse. Désir,
Badinage, baisers, tout ce qu'en doux préludes
Peut offrir la Vénus des plaisirs les plus vifs,
Adieu ! Vertu par force cesse d'être vertu.
Mais, quand tout est permis, viril est le refus.
Donc, seigneurs de Carthage, Massinisse confie
Tout son trésor, sa vie, à vos soins ; par la foi
Des justes et des bons, gardez-moi loyauté.
Un grand cœur souffre trop, s'il se doit défier.

Carthalon. Nous jurons aux très-Hauts.

Massinisse. Non, non, ne jurez pas !
Car douter et trembler, c'est trop petit pour moi.

Sophonisbe. Seigneur, digne de —

Massinisse. Paix, mon oreille est d'acier ;
Je ne dois écouter ta trop charmeuse voix.

Sophonisbe. O Massinisse aimé, Sophonisbe, ta femme,
Parle digne de toi : porte au plus haut ton bras !

As worth can reare, I will not stay my Lord
Fight for our country, vent thy youthfull heate
In field not beds, the fruite of honor Fame
Be rather gotten then the oft disgrace
Of haplesse parents, children, goe best man
And make me proud to be a soldiers wife
That valews his renoune above faint pleasures:
Thinke every honor that doth grace thy sword
Trebbles my love: by thee I have no lust
But of thy glory: best lights of heaven with thee
Like wonder stand, or fall, so though thou die
My fortunes may be wretched, but not I.

Ma. Wondrous creature, even fit for Gods not men
Nature made all the rest of thy faire sex
As weake essaies, to make thee a patterne
Of what can be in woman. Long Farewell.
Hees sure unconquer'd in whom thou dost dwell
Carthage Palladium. See that glorious lampe
Whose lifefull presence giveth suddaine flight
To phansies, fogs, feares, sleepe, and slothfull night
Spreads day upon the world: march swift amaine
Fame got with losse of breath is godlike gaine.

The Ladies draw the curtaines about Sophonisba, the rest accompany Massinissa forth, the Cornets and Organs playing loud full Musicke for the Act.

Actus Primi. Finis.

Je n'entraverai pas l'élan de mon seigneur.
Que pour notre pays lutte ta jeune ardeur,
Qu'elle préfère à tous les lits le champ d'honneur,
Et son fruit — le Renom — aux enfants qui souvent
Sont honteuse disgrâce d'infortunés parents.
Va, homme insigne, va et me rends fière d'être
L'épouse d'un soldat
Qui met son nom plus haut que molles jouissances.
Dis-toi que chaque honneur dont ton glaive s'illustre
Décuple mon amour. Pour ta gloire, par toi
Je brûle. La splendeur des astres t'accompagne !
Que tu gagnes ou tombes, sois merveille au combat.
Ta mort ferait mon sort misérable, non moi.

Massinisse. Splendide créature, digne plutôt des dieux,
Toutes les autres belles, Nature les a faites
Grossières ébauches, pour t'offrir en modèle
De ce que femme peut. Que le Ciel te préserve !
Qui t'abrite en son cœur, nul n'en peut triompher,
Palladium de Carthage ! Vois : le glorieux lustre
Dont la vive splendeur fait que soudain s'enfuient
Chimères, brumes, peurs, sommeil et molle nuit,
Répand le jour. Marchons ! Que notre élan soit tel
Qu'à perdre haleine il gagne un renom immortel !

Les Dames referment les rideaux sur Sophonisbe ;
tous les autres sortent avec Massinisse ;
cornets et orgue annoncent à pleins sons la fin de l'Acte.

Actus Secundi. Scena Prima.

Whil'st the Musicke for the first Act soundes Hanno, Carthalon, Bytheas, Gelosso enter: They place themselves to Counsell, Gisco th'impoisner waiting on them, Hanno, Carthalon, and Bytheas, setting their hands to a writing, which being offer'd to Gelosso, he denies his hand, and as much offended impatiently starts up and speakes.

Gelosso. Hanno. Bytheas. Carthalon.

Gel. My hand? My hand? Rotte first, wither in aged shame.

Han. Wil you be so unseasonably wood?

By. Hold such preposterous zeale as stand against
The full decree of Senate? All thinke fitte.

Car. Nay most unevitable necessarie
For Carthage safty, and the now sole good
Of present state, that wee must breake all faith
With Massinissa: whilst he fights abroad
Lets gaine backe Syphax, making him our owne
By giving Sophonisba to his bed.

Han. Syphax is Massinissas greater, and his force
Shall give more side to Carthage; as fors queene
And her wise father, they love Carthage fate,
Profit, and Honesty, are one in state.

Gel. And what decrees our very vertuous senate
Of worthy Massinissa that now fightes
And (leaving wife and bed) bleeds in good armes
For right old Carthage?

Acte II, Scène i

Aux sons de la musique du premier Acte,
entrent Hannon, Carthalon, Butheas, et Gelosso ;
ils prennent place pour siéger en conseil, Giscon,
l'empoisonneur se tenant à leurs ordres ; Hannon, Carthalon
et Butheas apposent leur signature sur un écrit qui,
présenté à Gelosso, provoque son refus de signer :
en homme profondément outragé, qui n'y tient plus,
il bondit et s'écrie.

Gelosso, Hannon, Butheas, Carthalon.

Gelosso. Signer, moi ? Moi, signer ? Vous pourrirez d'abord
Tout décrépits de honte !

Hannon. En un moment pareil être aussi forcené !

Butheas. Mettre un stupide zèle à vouloir contester
Du sénat plénier le décret unanime !

Carthalon. Et qu'il fallait bien prendre et qui importe
[tant
Au salut de Carthage. A présent pour l'Etat
Le seul parti qui vaille : rompre avec Massinisse
Tous nos engagements. Tandis qu'il lutte au loin,
Rallions-nous Syphax et le faisons des nôtres
En offrant Sophonisbe à sa couche royale.

Hannon. Plus grand que Massinisse est Syphax. Son concours
Renforcera Carthage, dont le sort intéresse
Sophonisbe, sa reine, et le sage Hasdrubal.
Raison d'Etat réduit à l'utile l'honnête.

Gelosso. Et nos bons sénateurs, sait-on ce qu'ils décrètent
Quant au preux Massinisse, qui se bat, cependant,
Loin de femme et d'hymen, et verse un noble sang
Pour notre vénérable et si juste Carthage ?

Car. Thus tis thought fit:
Hir father Asdrubal on sudeine shall take in
Revolted Syphax; so with doubled strength
Before that Massinissa shall suspect,
Slaughter boeth Massinissa and his troupes,
And likewise strike with his deepe stratagem
A suddeine weaknes into Scipios armes,
By drawing such a lim from the maine body
Of his yet powerfull armie: which being don
Dead Massinissas kingdom we decree
To Sophonisba and great Asdrubal
For their consent, so this swift plot shall bring
Two crowns to hir, make Asdrubal a king.

Gel. So first faithes breach, adultery, murder, theft.

Car. What els?

Gel. Nay all is don no mischeif left.

Car. Pish prosperous successe gives blackest actions glory,
The means are unremembred in most story.

Gel. Let me not say Gods are not.

Car. This is fit
Conquest by bloud is not so sweet as wit,
For how so ere nice vertue censures of it,
He hath the grace of warre, that hath wars profit.
But Carthage well advisde, that states comes [1] on,
With slow advice, quicke execution,
Have here an Engineere long bred for plots,
Cal'd an impoisner, who knows this sound excuse,
The onely dew that makes men sprout in Courtes, is use,
Be't well or ill, his thrift is to be mute,
Such slaves must act commands, and not dispute.
Knowing foule deedes with danger do begin
But with rewardes do end: Sin is no sin
But in respects —

2. *comes* : troisième personne du pluriel en *-s*.

Carthalon. Le plan, c'est qu'Hasdrubal,
Père de Sophonisbe, s'adjoigne tout soudain
Le rebelle Syphax ; doublant ainsi sa force,
Avant que Massinisse ait le moindre soupçon,
Il exterminera Massinisse et ses troupes,
Jetant du même coup, par ce fin stratagème,
Une brusque faiblesse dans l'armée de Scipion :
Amputé d'un tel membre, ce grand corps souffrira
Même s'il reste fort ; ceci fait, le royaume
Du défunt Massinisse, nous l'offrons par décret
A Sophonisbe, ainsi qu'au puissant Hasdrubal
Pour leur accord ; par quoi ce prompt complot fera
D'elle une double reine, et d'Hasdrubal un roi.

Gelosso. D'abord, donc, vœux rompus, meurtre, vol, adultère.

Carthalon. Quoi encore ?

Gelosso. Rien d'autre : pire on ne saurait faire.

Carthalon. Peuh !
Le succès glorifie les actes les plus noirs.
Des moyens rarement est gardée la mémoire.

Gelosso. Loin de moi ces paroles impies.

Carthalon. Pour l'emporter,
Plus que force et que sang, la ruse est ce qui sied.
Car la prude vertu peut bien pousser des cris,
La guerre aime celui qui d'elle fait profit.
Mais sachant bien qu'il faut, pour que marche un Etat,
Plan lentement mûri, puis vitesse du bras,
Carthage ici nous offre un expert en complots,
Nommé empoisonneur ; sa bonne excuse, c'est
Qu'à la cour seul l'utile est féconde rosée.
En taisant ce qu'il fait, crime ou non, il prospère.
Aux ordres, ces esclaves sans réplique obtempèrent,
Sachant que, pour un crime, il faut d'abord risquer,
Mais que la récompense est tout au bout : péché
N'est pas péché, mais chose relative —

Gel. Politique Lord, speake low tho heaven beares
A face far from us, Gods have most long eares,
Jove has a hundred marble marble hands.

Car. O I, in Poetry or Tragique sceane.

Gel. I feare Gods onely know what Poets mean.

Car. Yet heare me: I will speake close truth and cease,
Nothing in Nature is unservisable,
No, not even Inutility it selfe,
Is then for nought dishonesty in beeing,
And if it be somtimes of forced use,
Wherein more urgent then in saving nations?
State shapes are soddered up, with base, nay faulty
Yet necessary functions; some must lie,
Some must betray, some murder, and some all,
Each hath strong use, as poyson in all purges:
Yet when some violent chance shall force a state,
To breake given faith, or plot some stratagems,
Princes ascribe that vile necessity
Unto Heavens wrath: and sure tho't be no vice,
Yet t'is bad chance: states must not stick to nice
For Massinissas death sence bids forgive
Beware to offend greate men and let them live
For tis of empires body the mayne arme,
He that will do no good shall doe no harme:
Yow have my mind.

Gel. Although a stagelike passion and weake heate
Full of an empty wording might sute age
Know Ile speake strongly truth: Lordes neere mistrust
That he who'le not betray a private man
For his country, will neer betray his country
For private men; then give Gelosso faith
If treachery in state be serviceable,
Let hangmen doe it: I am bound to loose
My life but not my honour for my country;
Our vow, our faith, our oath, why th'are our selves
And he thats faithlesse to his proper selfe,
May be excusd if he breake faith with princes:

Gelosso. Politique seigneur, parle plus bas : le Ciel
Certe est loin, mais les dieux ont de fines oreilles.
Jupiter a cent mains de marbre, oui, de marbre.

Carthalon. C'est parler en poète, ou bien en tragédien.

Gelosso. Des seuls dieux un poète est compris, je le crains.

Carthalon. Parlons tout bas, écoute, après je me tairai.
Dans la nature il n'est rien qui ne serve à rien,
Rien, te dis-je, non pas l'inutilité même.
Doit-on compter pour rien ce qui est malhonnête ?
Et s'il est des moments où il le faut bien être,
Lequel nous presse autant qu'un pays à sauver ?
Les formes de l'Etat tiennent leur cohésion
De viles, de coupables, mais vitales fonctions.
Tel ment, tel doit trahir, tel tuer, tel tout faire.
Mais quand un coup du sort vient forcer un Etat
A rompre ses serments, à tramer des complots,
Ces nécessités viles, le Prince les impute
Au céleste courroux.
Assurément ce n'est pas vice, mais malchance.
L'Etat ne doit avoir embarras de conscience.
La mort de Massinisse il sied de pardonner.
Il ne faut laisser vivre un grand homme offensé.
Du Pouvoir ce principe est l'arme principale :
Qui n'a cure du Bien ne fera pas de mal.
Voilà mon sentiment.

Gelosso. Bien qu'un ton théâtral, chaud d'une faible flamme,
Plein de mots sonnant creux, soit plus au goût du jour,
Le vrai sera ma force. Seigneurs, n'en doutez pas,
Qui ne veut être traître à un homme privé
Pour son pays, jamais ne trahit son pays
Pour des hommes privés. Croyez-en Gelosso.
Si la traîtrise peut être utile à l'Etat,
Laissons-la aux bourreaux ! Je suis tenu de perdre
Ma vie pour mon pays, non mon honneur. Nos vœux,
Notre foi, nos serments, que sont-ils que nous-mêmes ?
Qui envers soi oublie toute fidélité
D'être infidèle au Prince peut bien être excusé.

The Gods assist just hearts, and states that trust,
Plots before Providence are tost like dust.
For Massinissa: (O let me slake a little
Austere discourse and feele Humanitie)
Me thinkes I heare him cry. O fight for Carthage,
Charge home, wounds smart not, for that so just so great
So good a Citty: me thinks I see him yet
Leave his faire bride even on his nuptiall night
To buckle on his armes for Carthage: Harke —
Yet, yet, I heare him cry — Ingratitude
Vile staine of man. O ever be most far
From Massinissas breast: up, march amaine,
Fame got with losse of breath, is godlike gaine.
And see by this he bleedes in doubtfull fight:
And cries for Carthage, whilst Carthage — Memory
Forsake Gelosso, would I could not think:
Nor heare, nor bee, when Carthage is
So infinitely vile: see see looke here.

Cornets. Enter two Ushers. Sophonisba. Zanthia. Arcathia. Hanno, Bytheas and Carthalon present Sophonisba with a paper, which shee having perused, after a short silence speakes.

So. Who speakes? What mute? Fair plot: what? Blush to [breake it?
How lewd to act when so sham'd but to speake it.
Is this the senates firme decree?

Car. It is.

So. Hath Syphax entertaind the stratagem?

Car. No doubt he hath, or will.

So. My answers thus,
Whats safe to Carthage, shall be sweet to me.

Car. Right worthy.

Les dieux aident les justes. Les Etats qui préfèrent
Complots à Providence volent en poussière.
Et quant à Massinisse (Oh ! laissez-moi fléchir
Cet austère discours d'un peu d'humanité !),
Je crois l'entendre ; il crie : « Pour Carthage, chargez !
Les plaies ne cuisent pas quand pour si juste, et grande,
Et bonne ville, on saigne ! » Je le crois voir encore
Laisser sa belle épouse, la nuit même des noces,
Et boucler sa cuirasse pour Carthage. Ecoutez !
Oui, je l'entends encor qui crie : « Ingratitude,
Souillure des humains, du cœur de Massinisse
Reste bien loin ! Debout ! Que notre élan soit tel
Qu'à perdre haleine il gagne un renom immortel ! »
Et voyez-le sanglant, dans un combat douteux,
Qui s'écrie : « Pour Carthage ! », cependant que Carthage —
Mémoire, laisse en paix Gelosso ! Que ne puis-je
Ne plus penser, entendre, être, lorsque Carthage
Est infiniment vile ! Voici, voici venir ... !

Cornets. Entrent deux Huissiers,
Sophonisbe, Xanthie et Arcathie ;
Hannon, Butheas et Carthalon
présentent à Sophonisbe un écrit ; l'ayant parcouru,
elle demeure un moment silencieuse, puis s'écrie :

Sophonisbe. Quoi ! Tous muets ! Le beau complot ! Honteux [à dire ?
Infâmes sont les actes qu'on rougit tant de dire.
Est-ce là du Sénat le ferme décret ?

Carthalon. Oui.

Sophonisbe. Le stratagème a-t-il l'agrément de Syphax ?

Carthalon. Tôt ou tard, il l'aura.

Sophonisbe. Voici donc ma réponse :
J'aurai pour agréable ce qui sauve Carthage.

Carthalon. Dignes propos !

Han. Roialest.

Gel. O very woman!

So. But tis not safe for Carthage to destroy,
Be most unjust, cunninglie politique,
Your heads still under Heaven, O trust to fate,
Gods prosper more a just then crafty state.
Tis lesse disgrace to have a pitied losse
Than shamefull victory.

Gel. O very Angel!

So. We all have sworne good Massinissa faith,
Speach makes us men, and thers no other bond
Twixt man and man, but words: O equall Gods
Make us once know the consequence of vowes —

Gel. And wee shall hate faith-breakers worse then man-eaters.

So. Ha! good Gelosso is thy breath not here?

Gel. You doe me wrong: as long as I can die,
Doubt you that old Gelosso can be vile?
States may afflict, tax, torture, but our mindes
Are only sworne to Jove: I greive and yet am proud
That I alone am honest: high powers you know
Virtue is seldom seene with troupes to goe.

So. Excellent man Carthage and Rome shall fall
Before thy fame: our Lords know I the worst?

Car. The Gods foresaw, tis fate we thus are forc'd.

So. Gods naught foresee, but see, for to their eyes
Naught is to come, or past, Nor are you vile
Because the Gods foresee: *for Gods and We*
See as thinges are things are not, for we see [1].
But since affected wisdom in us Women
Is our sex highest folly: I am silent,

3. *for Gods ... we see* : passage très controversé; nous restons au plus près de Q.

Hannon. Royaux vraiment !

Gelosso. Vraiment de femme !

Sophonisbe. Mais ce n'est point sauver Carthage que [détruire.
Qu'un politique soit bien fourbe, bien injuste,
Le Ciel sur lui demeure. Du sort ne doutez pas :
Juste plutôt qu'habile les dieux aiment l'Etat.
Pitoyable défaite est bien moindre infamie
Que honteuse victoire.

Gelosso. Propos dignes d'un ange !

Sophonisbe. Tous au preux Massinisse nous avons juré foi ;
La parole fait l'homme et, d'homme à homme, il n'est
De liens que les mots. O vous, dieux équitables,
Faites-nous bien sentir que nos vœux nous engagent.

Gelosso. Que parjurer, c'est pis que d'être anthropophage.

Sophonisbe. Ah ! brave Gelosso : tu ne souffles pas mot ?

Gelosso. C'est faire offense au vieux Gelosso que le croire,
Jusqu'à son dernier souffle, capable de bassesse ;
Sévir, grever, rouer peut l'Etat ; mais nos vœux
Vont au seul Jupiter. D'être moi seul honnête
Je souffre, mais suis fier : dieux très hauts, vous savez
Que de troupes Vertu n'est guère accompagnée.

Sophonisbe. Homme de cœur ! Carthage et Rome sombre-ront
Plus tôt que ton renom. Seigneurs, sais-je le pire ?

Carthalon. Les dieux ont tout prévu. C'est le sort qui nous force.

Sophonisbe. Les dieux ne prévoient rien, mais voient, car à leurs yeux,
Futur, passé sont là. Les dieux ne prévoient rien
Qui vous force aux bassesses, car, comme nous, ils voient
Ce qui est ; ce n'est l'œil qui fait que cela soit.
Mais la pire folie de nous autres, les femmes,
C'est prétendre à sagesse : il suffit, je me tais.

I cannot speake lesse well, unlesse I were
More void of goodnesse: Lordes of Carthage, thus
The ayre and earth of Carthage owes my body,
It is their servant; what decree they of it?

Car. That you remove to Cirta, to the pallace
Of well form'd Syphax, who with longing eyes
Meetes you: he that gives way to Fate is wise.

So. I goe: what power can make me wretched? What evill
Is there in life to him, that knowes lifes losse
To be no evill: show, show thy ugliest brow
O most blacke chaunce: make me a wretched story,
Without misfortune Vertue hath no glorie
Opposed trees makes tempests show their power
And waves forc'd back by rocks maks Neptune tower.
Tearlesse O see a miracle of life
A maide, a widdow, yet a haplesse wife.

Cornets. Sophonisba accompanied with the Senators depart, onely Gelosso staies.

Gel. A prodegy! let nature run crosse legd
Ops goe upon thy head, let Neptune burne
Cold Saturne cracke with heate for now the world
Hath seene a Woman:
Leape nimble lightning from Joves ample shield
And make at length, an end, the proud hot breath
Of thee contemning Greatnesse, the huge drought
Of sole selfe loving vast Ambition,
Th'unnaturall scorching heate of all those lamps
Thou reard'st to yeeld a temperate fruitfull heat,
Relentlesse rage whose hart hath no one drop
Of humane pittie: all all loudly cry
Thy brand O Jove, for know the world is dry.
O let A generall end save Carthage fame
When worlds doe burne unseens a Citties flame.
Phoebus in me is great: Carthage must fall,
Jove hats all vice but vows breach worst of all.

Exit.

Il me faudrait manquer de cœur pour ne parler
Aussi bien que j'ai fait. De Carthage, Seigneurs,
Mon corps est dépendant : de son air, de sa terre !
Il est tout à ses ordres. Parlez, que doit-il faire ?

Carthalon. L'ordre est que vous alliez à Cirta, au palais
Où le beau roi Syphax aux prunelles brûlantes
Vient à vous. De son sort le sage se contente.

Sophonisbe. J'y vais. Nul n'a pouvoir de m'accabler. Quel
[mal
Est-il en cette vie pour qui sait que la perdre
N'est pas un mal ? Fais voir, Infortune, fais voir
Ton plus hideux visage ! Fais triste mon histoire !
Sans malheur la vertu n'atteint pas à la gloire.
L'arbre que bat l'orage en montre la puissance ;
Repoussé par les rocs, Neptune haut s'élance.
Sans un pleur, oh ! voyez ce miracle : je vis
Epouse infortunée, et vierge, et veuve aussi.

Cornets. Sophonisbe sort, ainsi que les Sénateurs ;
Gelosso reste seul.

Gelosso. O prodige ! Nature peut dérégler son cours,
Ops marcher sur la tête, et Neptune flamber,
Craquer de chaud le froid Saturne : enfin au monde
Une femme a paru ! Du vaste bouclier
De Jupiter, jaillis, agile éclair, et sème
Au bout la mort ! Le fier souffle chaud de ces Grands
Qui se moquent de toi ; l'immense sècheresse
De l'ambition, qui n'a d'amour que pour soi-même ;
Le feu dénaturé, torride, de ces lampes
Que sources tu créas de chaleur douce et bonne,
Cette rage implacable de cœurs sans une goutte
D'humaine compassion ; tous, tous, ô Jupiter,
Réclament ton brandon, car sec est l'univers !
Oh ! que la fin de tout sauve ton nom, Carthage !
Quand tout flambe, qui voit d'une ville la flamme ?
Phoebus en moi est grand ; Carthage doit tomber ;
Le Ciel hait le parjure entre tous les forfaits.

Il sort.

Scena Secunda.

Cornets sound a charge:
Enter Massinissa in his gorget and shert, shield, sword,
his arme transfixt with a dart
Jugurth followes with his curaes and caske.

Ma. Mount us againe, give us another horse.

Jug. Uncle your bloud flows fast, pray ye withdraw.

Ma. O Jugurth I cannot bleed too fast, too much
For that so great, so just so royall Carthage.
My wound smarts not, blouds losse maks me not faint
For that lov'de Citty, O Nephew let me tell thee,
How good that Carthage is: it nourishde me,
And when full time gave me fit strength for love,
The most adored creature of the citty,
To us before great Syphax did they yeeld,
Faire, noble, modest, and bove all, my,
My Sophonisba. O Jugurth my strength doubles
I know not how to turne a coward, drop
In feeble basenes, I cannot: give me horse,
Know I am Carthage very creature, and I am gracde,
That I may bleed for them: give me fresh horse.

Jug. He that doth publike good for multitude ,
Findes few are truely gratefull.

Ma. O Jugurth, fie you must not say so, Jugurth,
Some common weales may let a noble hart,
Too forward bleed abroad and bleed bemond,
But not revengd at home, but Carthage, fie
It cannot be ungrate, faithles through feare,
It cannot Jugurth: Sophonisba's there,
Beat a fresh charge.

Scène ii

Des cornets sonnent un pas de charge.
Entre Massinisse, portant gorgerin, tunique, bouclier et glaive,
le bras transpercé par une flèche.
Jugurtha, cuirassé et casqué, le suit.

Massinisse. Vite, une autre monture ; donne-moi un cheval !

Jugurtha. Oncle, ton sang ruisselle ; je t'en prie, fais retraite.

Massinisse. Mon sang, ô Jugurtha, ne peut trop ruisseler
Pour Carthage la grande, la juste, la royale.
Ma plaie ne me cuit pas, sans défaillir je saigne
Pour l'amour de ma ville. O mon neveu, sais-tu
Les bontés de Carthage pour moi, qu'elle a nourri,
Et qu'elle a préféré au grand Syphax lui-même,
Quand la force de l'âge me fit apte à l'amour,
Pour m'accorder sa plus adorée créature,
Belle, noble, modeste et par-dessus tout chère
A mon cœur : Sophonisbe ! Mes forces, Jugurtha,
Redoublent. Je ne sais être lâche ; faiblir,
M'abaisser, je ne puis. Qu'on me donne un cheval !
Sache que pour Carthage je verse heureux mon sang,
Moi qui lui dois mon être. Vite, un cheval tout frais !

Jugurtha. Qui fait le bien public pour une multitude
En trouvera bien peu qui lui aient gratitude.

Massinisse. Fi, Jugurtha ! Ne dis pas cela, Jugurtha !
D'autres communautés peuvent souffrir que saigne
Un grand cœur trop zélé en pays étranger
Et que chez lui ce sang soit plaint, et invengé.
Mais Carthage, fi donc !
Nulle peur ne la peut rendre ingrate et parjure.
Non, rien, ô Jugurtha : là-bas est Sophonisbe.
Sonne un nouvel assaut !

Enter Asdrubal his sword drawne reading a letter, Gisco follows him.

Asd. Sound the retraite, respect your health brave Prince,
The waste of blood throw's palenes on your face.

Ma. By light, my harts not pale: O my lov'd father,
We bleed for Carthage, Balsum to my woundes,
We bleede for Carthage: shals restore the fight?
My squadron of Massulians yet stands firme.

Asd. The day lookes off from Carthage, cease allarms,
A modest temperance is the life of armes,
Take our best surgeon Gisco, he is sent
From Carthage to attend your chance of warre.

Gis. We promise sudden ease.

Ma. Thy comforts good.

Asd. [*aside*] That nothing can secure us but thy blood:
[*to Gisco*] Infuse it in his wound, t'will worke amaine.

Gis. O Jove.

Asd. What Jove? Thy God must be thy gain
And as for me, Apollo Pythean
Thou know'st, a statist must not be man.

Exit Asdrubal.

Enter Gelosso disguised like an olde soldier, delivering to Massinissa (as he preparing to be dressed by Gisco) a letter which Massinissa reading, starts and speakes to Gisco.

Ma. Forbeare, how art thou cald?

Gis. Gisco, my Lord.

Entre Hasdrubal, le glaive nu à la main, lisant une lettre,
[et suivi de Giscon.

Hasdrubal. Qu'on sonne la retraite ! Epargnez, brave prince,
Ce sang trop répandu dont pâlit votre face.

Massinisse. Mais non, par la clarté du jour, mon cœur ! Cher
[père,
Pour Carthage est ce sang ! Quel baume pour mes plaies !
Pour Carthage est ce sang ! Reprendrons-nous la lutte ?
Mon vaillant escadron de Massyles tient ferme.

Hasdrubal. Ce n'est pas notre jour ; n'appelons plus aux
[armes.
C'est dans la tempérance qu'est la survie des armes.
Carthage vous envoie Giscon, notre meilleur
Chirurgien, pour aider le succès de vos armes.

Giscon. Vous serez bientôt mieux.

Massinisse. Tu me sais conforter.

Hasdrubal [*à part*] Rien, plus que votre sang, ne nous
[pourra sauver.

[*à Giscon*] Verse ça dans la plaie : le remède est puissant.

Giscon. Grand dieu !

Hasdrubal. Quel dieu ? Ton dieu, ce doit être l'argent.
Et quant à moi, tu sais — par Apollon Pythien ! —
Qu'un politique doit oublier d'être humain.

Hasdrubal sort.

Entre Gelosso déguisé en vieux soldat ;
il remet à Massinisse (tandis que Giscon s'apprête à le panser)
une lettre. Massinisse la lit, sursaute et s'écrie
à l'adresse de Giscon :

Massinisse. Arrière ! Quel est donc ton nom ?

Giscon. Giscon, Seigneur.

Ma. Um, Gisco, ha, touch not mine arme, (*to Gelosso*) most [onely man,
[*to Gisco*] Sirrha, sirrha, art poore?

Gis. Not poore.

Ma. Nephew command

Massinissa begins to drawe.

Our troupes of horse make indisgracde retraite,
Trot easie off: not poore: Jugurth give charge,
My souldiers stand in square battalia, *Exit Jugurth.*
Intirely of themselves: Gisco th'art old,
Tis time to leave off murder, thy faint breath,
Scarce heaves thy ribs, thy gummy bloud-shut eyes,
Are sunke a great way in thee, thy lanke skinne,
Slides from thy fleshles veines: be good to men,
Judge him yee Gods, I had not life to kill
So base a Creature, hold Gisco ([*sheathes his sword*]) [1] live,
The God-like part of Kings is to forgive.

Gis. Command astonishd Gisco.
Ma. No returne.
Haste unto Carthage: quit thy abiect feares,
Massinissa knowes no use of murderers.

Enter Jugurth amazde,
his sword drawne.

Speak, speake, let terror strike slaves mute.
Much danger makes great hartes most resolute.

Jug. Unkle I feare foule armes, my selfe beheld,
Syphax on high speed run his well breathde horse,
Direct to Cirta that most beauteous Citty,
Of all his kingdome: whilst his troupes of horse
With careles trot pace gently toward our campe,

4. Parenthèse vide (Q et O). L'indication scénique manquante renvoie à *Massinissa begins to draw* (II.2.44).

Massinisse. Hum ! Giscon. Laisse-là mon bras.
(*à Gelosso*) Homme très rare !
[*à Giscon*] Beau sire, es-tu donc pauvre ?

Giscon. Pauvre, moi ?

Massinisse. Mon neveu,
Commandez !

Massinisse va pour dégainer.

Nos cavaliers, d'un trot aisé, font dignement
Retraite —Pauvre, moi ? — A l'assaut, Jugurtha !
Regroupés en carré, mes soldats tiennent ferme, *Jugurtha sort.*
Totalement unis. Giscon, tu te fais vieux.
Le meurtre, ce n'est plus pour toi. Ta faible haleine
S'épuise à soulever tes côtes. Tes yeux rouges,
Chassieux, loin s'enfoncent dans leurs orbites creuses.
Tes veines décharnées glissent sous ta peau flasque.
Sois bon. Dieux, jugez-le. Je n'aurais pas le cœur
De tuer créature aussi vile. ([*Il rengaine son épée*]) Vis donc,
Giscon ! Un roi s'égale aux dieux par le pardon.

Giscon. De Giscon confondu dispose.

Massinisse. Non, retourne
Vite à Carthage. Assez de tes viles frayeurs !
Massinisse ne sait que faire d'assassins.

Entre Jugurtha, le visage frappé de stupeur,
le glaive nu à la main.

Parle, parle ! De peur seul l'esclave se tait.
Un grand cœur s'affermit, où fort est le danger.

Jugurtha. Je crains un mauvais coup. O mon oncle, mes yeux
Ont vu Syphax pousser au galop son fougueux
Coursier, droit vers Cirta, la plus belle cité
Qu'il ait en son royaume, et sa cavalerie
D'un trot tranquille aller, cependant, vers nos camps,

As friendes to Carthage, stand on guard deere unckle
For Asdrubal with yet his well rankt armie,
Bends a deepe threatning brow to us as if
He waited but to joyne with Syphax horse
And hew us all to peeces: O my King
My Uncle, Father, Captaine over All
Stand like thy selfe or like thy selfe now fall;
Thy troups yet hold good ground: Unworthy wounds
Betray not Massinissa.

Ma. Jugurth pluck
Pluck, so, good cuz.

Jug. O God doe you not feele?

Ma. Not Jugurth no, now all my flesh is steele.

Gel. Of base disguise: High lights scorne not to vew
A true old man: up Massinissa throw
The lot of battle upon Syphax troups
Before he joyne with Carthage: then amaine
Make through to Scipio, he yeelds safe abods,
Spare treacherie, and strike the very Gods.

Ma. Why wast thou borne at Carthage, O my fate
Divinest Sophonisba! I am full
Of much complaint, and many passions,
The least of which expresd would sad the Gods
And strike compassion in most ruthlesse hell.
Up unmaimd hart spend all thy greefe and rage
Upon thy foe: the fields a soldiers stage
On which his action shows: If you are just
And hate those that contemne you, O you Gods
Revenge worthy your anger, your anger, O,
Downe man, up hart, stoup Jove and bend thy chin
To thy large brest, give signe th'art pleasd, and just.
Sweare, good mens forheads must not print the dust.
Exeunt.

En amie de Carthage. Oncle, sois sur tes gardes.
Car Hasdrubal, tenant son armée en bon ordre,
Nous guette d'un œil noir, comme s'il n'attendait
Que de faire jonction avec ses cavaliers
Pour nous tailler en pièces. O mon souverain roi,
Oncle, que dis-je, père, capitaine suprême,
Que tu gagnes ou tombes, reste égal à toi-même !
Tes troupes tiennent bon. Vous, plaies imméritées,
Ne le trahissez pas !

Massinisse. Arrache, bon neveu,
Arrache ça. Voilà.

Jugurtha. Dieu ! Ne sens-tu donc rien ?

Massinisse. Non, Jugurtha : d'acier toute ma chair devient.

Gelosso. Quittons ce vil habit d'emprunt ! Les Cieux verront
Sans mépris un vieillard loyal. O Massinisse,
Jette toutes tes forces sur celles de Syphax
Avant qu'il ne se joigne à Carthage, et poursuis
Jusqu'à Scipion, qui t'offre une sûre retraite.
C'est frapper les dieux mêmes que faire grâce aux traîtres.

Massinisse. Pourquoi, ô mon Destin, être né à Carthage ?
Divine Sophonisbe, hélas ! si je disais
La peine qui m'emplit, mes si nombreux tourments,
Ah ! le moindre d'entre eux frapperait de tristesse
Les dieux, et de pitié l'inexorable enfer.
Va, cœur, que rien n'entame ! Sur l'ennemi assène
Deuil et rage : le champ de bataille est la scène
Où donne son spectacle un soldat. Dieux vengeurs,
Si votre juste haine frappe vos contempteurs,
Qu'ils payent tout le prix, tout le prix de votre ire.
Sois surhumain, mon cœur ! Jupiter, fais-nous signe,
Abaisse ton menton sur ta vaste poitrine
Et, juste et satisfait, jure aux preux et aux bons,
Que jamais dans la poudre ils n'inscriront leurs fronts.

Ils sortent.

Scena Tertia.

Enter Asdrubal, Hanno, Bytheas.

Asd. What Carthage hath decreed, Hanno is done
Advancd and borne was Asdrubal for state
Onely with it his faith, his love, his hate
Are of one peece: were it my daughters life
That fate hath song to Carthage safetie brings
What deed so red but hath beene done by Kings?
Ephigenia, he thats a man for men,
Ambitious as a God, must like a God
Live cleare from passions, his full aimde at end
Immence to others, sole selfe to comprehend
Round in's own globe, not to bee clasp'd but holds
Within him all, his hart being of more foldes
Then sheeld of Telamon, not to be peirced tho struck
The God of wisemen is themselves, not lucke.

Enter Gisco.

See him by whom now Massinissa is not.
Gisco i'st done?

Gis. Your pardon worthy Lord,
It is not don, my heart sunke in my breast,
His virtue mazd me, faintnes seasd me all,
Some Gods in Kinges that will not let them fall.

Asd. His virtue mazde thee, (um) why now I see
Thart that just man that hath true touch of blood,
Of pitty and soft piety: Forgive?
Yes honour thee, wee did it but to trye
What sense thou hadst of blood: goe Bytheas
Take him into our private treasurie
[*A*side to Bytheas] And cut his throate, the slave hath all [betraide.

Scène iii

Entrent Hasdrubal, Hannon, Butheas.

Hasdrubal. Le décret de Carthage, Hannon, est accompli.
Naissance et rang portaient Hasdrubal à l'Etat.
Pour l'Etat seul s'unissent en un seul bloc sa foi,
Son amour et sa haine. Et dussé-je immoler
Ma fille pour Carthage, si le sort le voulait,
L'acte est il si sanglant que des rois ne l'aient fait.
Iphigénie ! Celui qui, homme pour les hommes,
A l'ambition d'un dieu, doit, à l'instar des dieux,
Etre exempt de passions ; toutes ses forces tendre
Vers le vaste projet qu'il est seul à comprendre,
Sphère close, hors de prise, qui tout tient enfermé ;
Dans son cœur, plus de plis que sur le bouclier
De Télamon, frappé, non percé par les lances.
L'homme sage a pour dieu lui-même, et non la chance.

Entre Giscon.

Voici celui par qui Massinisse n'est plus.
Giscon, tout est-il fait ?

Giscon. Pardon, noble seigneur,
Rien n'est fait : car mon cœur sombra dans ma poitrine.
Sa vertu m'éblouit, et tout faillit en moi.
Un dieu semble habiter et protéger les rois.

Hasdrubal. Sa vertu t'éblouit ? Hum ! Je vois : homme juste,
Tu sais être touché par le sang, la pitié
Et la molle piété. Ton pardon ? Mieux encore,
Nous allons t'honorer ! Nous voulions seulement
Voir ce flair que tu as pour le sang. Buthéas,
Va lui ouvrir bien grand notre trésor privé
[*à part à Butheas*] Et lui trancher la gorge : l'esclave a tout [livré.

By. Are you assured?

A sd. Afeard for this I know
Who thinketh to buy villany with golde
Shall ever find such faith so bought so solde.
Reward him thorowly.

A shoute, the Cornets giving a florish.

Han. What meanes this shoute?

Asd. Hanno tis don: Syphax revolt by this
Hath securd Carthage: and now his force come in
And joynde with us give Massinissa charge,
And assured slaughter: O ye powers forgive,
Through rottenst dung best plants both sprout and live
By blood vines grow.

Han. But yet thinke Asdrubal
T'is fit at least you beare greefes outward showe,
It is your kinsman bleedes: what neede men knowe
Your hand is in his wounds, tis well in state,
To doe close ill, but voide a publique hate.

Asd. Tush Hanno let me prosper let routs prate,
My power shall force their silence or my hate
Shall skorne their idle malice: men of waight
Know, he that feares envy let him cease to raigne,
The peoples hate to some hath bin their gaine.
For howso ere a Monarke faines his partes,
Steale anie thing from Kinges but subjects hartes.

Enter Carthalon leading in bound Gelosso.

Car. Gard, gard the campe, make to the trench stand firme.

Asd. The Gods of boldnes with us, how runs chance?

Butheas. Est-ce sûr ?

Hasdrubal. Je le crains, car je sais, moi, ceci :
Vilain qu'avec de l'or on a cru s'acheter
Vendra toujours sa foi au prix qu'elle a coûté.
Qu'il ait ce qu'il mérite.

Un cri ; des cornets sonnent une fanfare.

Hannon. Que veut dire ce cri ?

Hasdrubal. Hannon, c'est fait : Syphax, par une volte-face,
Accourt pour nous sauver, et maintenant ses troupes
Jointes aux nôtres vont fondre sur Massinisse,
Assurer son massacre. Dieux du Ciel, pardonnez !
Les plus beaux plants prospèrent sur putride fumier ;
Vigne arrosée de sang grandit.

Hannon. Mais, Hasdrubal,
Ne sied-il pas, au moins, d'affecter de pleurer
Sur le sang d'un des vôtres ? Quel besoin de laisser
Voir vos mains dans ses plaies ? Le crime politique
Frappe en secret, mais doit fuir la haine publique.

Hasdrubal. Que jase la racaille, pourvu que je prospère.
Ma force imposera silence au populaire.
Et si je suis leur haine, je saurai faire fi
De leurs ragots oiseux : tous ceux qui ont du poids
Savent qu'un roi craignant l'envie n'est plus un roi.
De la haine du peuple certains tirent profit.
Un roi peut simuler, nul il ne doit laisser
Lui ravir ce trésor : le cœur de ses sujets.

Entre Carthalon. Il conduit Gelosso enchaîné.

Carthalon. Alerte, alerte au camp ! Aux tranchées ! Tenez [ferme !

Hasdrubal. Dieux des braves, à l'aide ! Quel est ce coup du [sort ?

Car. Think, think how wretched thou canst be, thou art,
Short wordes shall speake long woes:

Gel. Marke Asdrubal.

Car. Our bloody plot to Massinissas eare
Untimely by this Lord was all betraide.

Gel. By me, it was, by mee vile Asdrubal,
I joy to speakt.

Asd. Downe slave.

Gel. I cannot fall.

Car. Our traines disclosd, straight to his well usde armes
He tooke himselfe, rose up with all his force,
On Syphax careles troupes (Syphax beeing hurried
Before to Cirta feareles of successe
Impatient Sophonisba to injoy)
Gelosso rides to head of all our squadrons
Commandes make stand in thy name Asdrubal,
In mine, in his, in all: dull rest our men,
Whilst Massinissa now with more then fury,
Chargeth the loose and much amazed rankes,
Of absent Syphax: who with broken shoute,
(In vaine expecting Carthage secondings)
Give faint repulse: a second charge is given
Then looke as when a Fawcon towrs aloft
Whole shoales of foule and flocks of lesser birdes,
Crouch fearefully and dive some among sedge,
Some creepe in brakes: so Massinissas sword
Brandisht aloft, tossd'bout his shining cask,
Made stoope whole squadrons, quick as thought he strikes,
Here hurles he dartes, and there his rage strong arme,
Fights foote to foote: heere cryes he strike: they sinke
And then grim slaughter followes, for by this
As men betraide, they curse us, dye, or flye, or both.
Of ten sixe thousand fell: Now was I come
And straight perceavd all bled by his vile plot.
Gel. Vile? Good plot, my good plot Asdrubal.

Carthalon. Songe au pire, le pire est là. En peu de mots
Se disent longs malheurs.

Gelosso. Ecoute, ô Hasdrubal !

Carthalon. Notre sanglant complot, Massinisse l'a su
Par ce seigneur félon, qui a tout déjoué.

Gelosso. Par moi, vil Hasdrubal, moi, joyeux de le dire !

Hasdrubal. Tombe à genoux, esclave !

Gelosso. Je ne peux pas tomber.

Carthalon. Nos plans connus, il court vêtir sa bonne armure,
Abat toute sa force sur l'insouciante armée
De Syphax, sans Syphax, déjà parti grand train
Pour Cirta, comme qui ne se doutait de rien
Et brûlait du désir d'étreindre Sophonisbe.
Gelosso, aux devants de tous nos escadrons,
Galope et leur commande une halte, en ton nom,
Hasdrubal, en mon nom, au sien, au nom de tous.
Stupeur parmi les nôtres. Cependant Massinisse
Redouble de fureur, charge les rangs flottants,
Surpris, qu'a fuis Syphax, et qui, jetant des cris,
Attendant vainement des secours de Carthage,
Faiblement le repoussent. Il revient à la charge.
Lors, comme on voit, par peur d'un faucon planant haut,
Des troupes de volailles, des bandes d'oisillons
Se blottir et plonger, qui glissé dans les joncs
Et qui dans les fourrés : tel, le glaive brandi
Par Massinisse autour du casque flamboyant,
Fond sur des escadrons ; vif comme la pensée,
Il frappe, ici jetant des traits, là, pied à pied,
Luttant d'un fer rageur : « Frappe ! Ils meurent », crie-t-il.
Et le triste carnage fait que, nous maudissant,
Et se croyant trahis, dans la mort ou la fuite,
Ou les deux, tous se jettent. Six mille hommes succombent.
C'est alors qu'arrivant, je comprends aussitôt
Que tout ce sang versé vient de son vil complot.

Gelosso. Vil ? Non, non, beau complot ! Mon complot, [Hasdrubal !

Car. I forcd our army beat a running march,
But Massinissa strooke his spurs apace
Upon his speedy horse, leaves slaughtering.
All flye to Scipio who with open rankes
In view receaves them: Al I could effect
Was but to gaine him.

Asd. Dye.

Gel. Do what thou can,
Thou canst but kill a weake old honest man.
Gelosso departes guarded.

Car. Scipio and Massinissa by this strike
Their clasped palmes, then vow an endles love,
Straight a joynt shoute they raise, then turne they breastes
Direct on us march strongly toward our campe
As if they darde us fight, O Asdrubal.
I feare theile force our campe.

Asd. Breake up and flye,
This was your plot.

Han. But t'was thy shame to choose it.

Car. He that forbids not offence he dos it.

Asd. The curse of womens wordes go with you: fly,
You are no villaines, Gods and men, which way?
Advise vile thinges.

Han. Vile?

Asd. I.

Car. Not?

By. You did al.

Asd. Did you not plot?

Car. Yeelded not Asdrubal?

Carthalon. Je fais presser l'allure à notre armée en marche,
Mais vite, Massinisse, poussant de l'éperon
Son rapide coursier, laisse là le carnage.
Tous volent vers Scipion, qui, les voyant, leur ouvre
Ses rangs et les accueille : tout ce que j'ai pu faire,
C'est m'emparer de lui.

Hasdrubal. Meurs donc !

Gelosso. Vous ne tuerez
Qu'un vieil homme sans forces pétri d'honnêteté.

Gelosso sort, sous bonne garde.

Carthalon. Scipion et Massinisse, frappant main contre [main,
Se jurent là-dessus un amour éternel,
Font monter leur clameur commune jusqu'au ciel.
Puis, tournant vers nos camps leurs poitrines, ils viennent
En force nous jeter comme un défi de guerre.
O Hasdrubal ! J'ai peur d'un assaut !

Hasdrubal. Tais-toi, file !
Ce complot, il fut tien.

Hannon. Honte à toi, qui l'admis !

Carthalon. Qui consent au forfait en est l'auteur aussi.

Hasdrubal. Que des langues de femmes vous maudissent ! — [Filez ! —
Oui, vilains que vous êtes ! — Dieux, hommes, où aller ?
Vils conseillers !

Hannon. Vils ?

Hasdrubal. Oui !

Carthalon. Non !

Butheas. De toi vint le mal.

Hasdrubal. Le complot n'est-il vôtre ?

Carthalon. Qui l'admit ? Hasdrubal !

Asd. But you intic'd me.

Han. How?

Asd. With hope of place.

Car. He that for wealth leaves faith is abject.

Han. Base.

Asd. Do not provoke my sword, I live.

Car. More shame.
T'out live thy virtue and thy once great name.

Asd. Upbraide yee me?

Han. Hold.

Car. Know that only thou
Art treacherous: thou shouldst have had a crowne.

Han. Thou didst all, all he for whome mischiefes don
He dos it.

Asd. — Brode skorne oppen faind powers [5]
Make good the campe, no, fly, yes, what? Wild rage,
To be a prosperous villane yet some heate some hold,
But to burne temples and yet freese, O cold,
Give me some health, now your bloud sinkes: thus deedes
Ill nourisht rot, without Jove naught succeedes.

Exeunt.

Actus Secundi. Finis.

Organ mixt with Recorders for this Act.

5. Autre passage très controversé. Nous adoptons l'interprétation de Harvey Wood (*oppen* = *upon*).

Hasdrubal. Mais vous m'avez séduit.

Hannon. Par quoi ?

Hasdrubal. L'espoir d'un trône.

Carthalon. Qui trahit pour le gain est abject.

Hannon. Vraiment bas !

Hasdrubal. Ne provoquez mon glaive, car je vis.

Carthalon. Mille hontes !
Survivre à ta vertu, survivre à ton grand nom !

Hasdrubal. On me sermonne, moi ?

Hannon. Holà !

Carthalon. En vérité,
Le seul traître, c'est toi, toi qui faillis régner.

Hannon. C'est toi qui as tout fait. Celui-là fait le crime
A qui le crime sert.

Hasdrubal. De honte soit couvert tout pouvoir fait de feinte !
Défendez ! — Non, filez ! — Si ! Quoi ? — Furieuse rage !
Etre un riche vilain, dit-on, tient chaud parfois.
Mais des temples brûler, et se geler ! O froid !
Ranimez-moi ; voilà que reflue votre sang !
Principes vicieux font tout acte pourrir ;
Quand manque Jupiter, rien ne peut réussir.

Ils sortent.

Orgue et flûtes à bec pour la fin de l'Acte.

Actus Tertii. Scena Prima.

Syphax his dagger twon about her haire drags in Sophonisba in hir nightgowne petticoate, and Zanthia and Vangue following.

Sy. Must wee intreat? Sue to such squeamish eares?
Know Syphax has no knees, his eyes no teares,
Inraged love is senseles of remorce,
Thou shalt, thou must. Kings glory is their force.
Thou art in Cirta, in my Pallace Foole.
Dost thinke he pittieth teares, that knowes to rule?
For all thy scornefull eyes thy proud disdaine,
And late contempt of us now weele revenge,
Breake stubborne scilence: looke Ile tack thy head
To the low earth, whilst strength of too black knaves,
Thy limbes all wide shall straine: praier fitteth slaves.
Our courtship bee our force: rest calme as sleepe,
Els at this quake, harke, harke, wee cannot weepe.

So. Can Sophonisba bee inforc'd?

Sy. Can? See.

So. Thou maiest inforce my body but not mee.

Sy. Not?

So. No.

Sy. No?

So. No off with thy loathed armes
That lye more heavy on me then the chaines,
That weare deepe wrinckles in the captives limbes,
I do beseech thee.

Acte III, Scène i

Entre Syphax, traînant Sophonisbe par les cheveux,
qu'il tient enroulés autour de sa dague ;
elle est en chemise de nuit ; Xanthie et Bangui les suivent.

Syphax. Que ces prudes oreilles n'attendent point de nous
Syhax, prières, pleurs, requêtes à genoux !
Non, qui aime à la rage toute pitié ignore.
Je veux, j'ordonne : un roi tient gloire de sa force.
Crois-tu, sotte, à Cirta, ici, dans mon palais,
Me toucher par tes pleurs, moi qui sait gouverner ?
De tes regards hautains, de ton dédain farouche
Et ton récent mépris, je vais me venger. Romps
Ce silence obstiné ! Vois, je clouerai ta tête
Au sol, tandis que deux de mes noirs serviteurs
Ecarteront tes membres de toute leur vigueur.
Prier sied à l'esclave. Notre cour soit la force !
Toi, comme le sommeil, reste immobile et calme,
Ou, vois, tremble ! Non, non, nous n'avons point de larmes.

Sophonisbe. Sophonisbe peut-elle être forcée ?

Syphax. Tiens, vois !

Sophonisbe. Tu peux forcer mon corps, tu ne peux me
[forcer.

Syphax. Non ?

Sophonisbe. Non.

Syphax. Non ?

Sophonisbe. Non. Retire ces exécrables bras
Dont le poids m'est plus lourd qu'au prisonnier ne pèsent
Les chaînes qui impriment leurs sillons dans son corps.
Je t'implore.

Sy. What?

So. Be but a beast,
Be but a beast.

Sy. Do not offend a power
Can make thee more then wretched: yeelde to him
To whome fate yeeldes: Know Massinissas dead,

So. Dead?

Sy. Dead.

So. To Gods of good men shame.

Sy. Help Vangue my strong blood boiles.

So. O save thine owne (yet) fame.

Sy. All appetite is deafe, I will I must.
Achilles armour could not beare out lust.

So. Hold thy strong arme and heare my Syphax know,
I am thy servant now: I needes must love thee
For (O my sex forgive) I must confesse,
Wee not affect protesting feeblenes,
Intreats faint blushings, timerous modesty,
We thinke our lover is but little man,
Who is so full of woman: Know faire Prince
Loves strongest armes not rude: for we still prove
Without some fury thers no ardent love.
We love our loves impatience of delay,
Our noble sex was onely borne t'obay
To him that dares commaund.

Sy. Why this is well.
Th'excuse is good: wipe thy faire eyes our Queene,
Make proud thy head now feele: more frendly strength
Of thy Lordes arme: come touch my rougher skin
With thy soft lip, Zanthia dresse our bed,
Forget ould loves and clip him that through blood,
And hell acquir's his wish, thinke not but kisse,
The florish fore loves fight is Venus blisse.

Syphax. Quoi donc ?

Sophonisbe. Non, ne sois qu'une brute,
Qu'une brute !

Syphax. Prends garde d'outrager un pouvoir
Qui plus que misérable te peut rendre. A qui fait
Céder le destin, cède ! Car Massinisse est mort.

Sophonisbe. Lui, mort ?

Syphax. Mort.

Sophonisbe. Honte à vous, dieux des hommes
[de bien !

Syphax. Mon sang vigoureux bout. Bangui, à l'aide, viens !

Sophonisbe Oh ! sauve ton honneur : il est encore tien !

Syphax. Tout appétit est sourd. C'est ma loi, je le veux.
La cuirasse d'Achille ne contiendrait tel feu.

Sophonisbe. Retiens ton puissant bras, mon Syphax, et
[m'entends.
Vois, ores je me rends, mon cœur doit être à toi.
Car (pardonne, ô mon sexe !), il faut que je l'avoue,
Faiblesses affichées ne sont de notre goût,
Ni suppliques, rougeurs, pruderies timorées.
Piètre homme est à nos yeux l'amant qui d'une femme
Se gorge ainsi. Beau prince, les plus fortes étreintes
Ne nous rebutent pas, car nous voyons toujours
Que sans quelque fureur ardent n'est pas l'amour.
Nous aimons quand Amour des délais s'impatiente.
Tout notre noble sexe nous veut obéissante
A qui ose ordonner.

Syphax. Voilà qui me convient.
L'excuse est bonne. Essuie, ma reine, tes beaux yeux.
Cambre bien haut ta tête. Sens, du bras de ton maître,
La force s'attendrir ; viens, de ta douce lèvre
Touche ma rude peau. Xanthie, dresse ma couche.
Oublie qui tu aimas, pour serrer qui triomphe
Par le sang et l'enfer ; étreins, ne pense plus :
Le prélude au combat d'amour plaît à Vénus.

So. Great dreadfull Lord by thy affection
Grant mee one boone, know I have made a vow —

Sy. Vow? What vow? Speake.

So. Nay if you take offence
Let my soule suffer first and yet —

Sy. Offence?
Not Sophonisba, hold, thy vow is free,
As — come thy lips.

So. Alas crosse misery
As I do wish to live I long to injoy
Your warme imbrace, but O my vow tis thus,
If ever my Lord died I vowed to him,
A most, most private sacrifice, before
I touched a second spouse: all I implore.
Is but this liberty:

Sy. This goe obtaine
What time?

So. One hower.

Sy. Sweet good speed speed adew
Yet Syphax trust no more then thou maist view.
Vangue shall stay.

So. He stayes.

Enter a Page delivering a letter to Sophonisba which shee privately reads.

Sy. Zanthia, Zanthia
Thou art not foule, go to, some Lords are oft
So much in love with their knowne Ladyes bodies,
That they oft love their vails, hold, hold thou'st find,
To faithfull care Kinges bounty hath no shore,

Za. You may do much.

Sy. But let my gold do more.

Sophonisbe. Grand, terrible seigneur, par ton affection,
Une seule faveur ! Sache qu'un vœu j'ai fait —

Syphax. Un vœu, parle, quel vœu ?

Sophonisbe. Non. Si c'est t'offenser,
Que mon âme plutôt souffre, mais —

Syphax. M'offenser ?
Non, Sophonisbe ; tiens, je te déclare quitte,
Aussi vrai — viens, tes lèvres !

Sophonisbe. Hélas ! malheur cruel !
Aussi vrai que je veux vivre, me fait languir
Le désir de ta chaude étreinte. Mais mon vœu,
C'est que si mon seigneur mourait, je lui vouerais,
En grand, très grand secret, un sacrifice, avant
D'étreindre un autre époux. J'implore seulement
Cette franchise.

Syphax. Quoi, c'est tout ? Je te l'accorde.
Combien de temps ?

Sophonisbe. Une heure.

Syphax. Vite, vite ! Doux cœur, le Ciel t'assiste ! Adieu !
Pourtant, Syphax, ne crois que ce que voient tes yeux.
Bangui devra rester.

Sophonisbe. Qu'il reste !

Entre un Page. Il remet une lettre à Sophonisbe, qu'elle lit à part.

Syphax. Or çà, Xanthie,
Tu n'es pas si vilaine ; il est souvent des maîtres
Qui tant sont amoureux du corps de leurs maîtresses
Qu'ils aiment souvent — Tiens ! Prends ! Vois quelle bonté
Infinie ont les rois pour qui, loyal, les sert.

Xanthie. Tu peux beaucoup.

Syphax. Mais laisse mon or encor mieux faire.

Za. I am your creature.

Sy. Bee, get, tis no staine,
The God of service is however gaine. *Exit.*

So. Zanthia, where are we now? Speak worth my service
Ha wee don well?

Za. Nay in haight of best.
I feard a superstitious virtue woulde spoile all,
But now I finde you above woemen rare,
Shee that can time her goodnesse hath true care
Of hir best good. Nature at home beginnes,
She whose integritye her selfe hurts sinnes.
For Massinissa, hee was good and so,
But hee is dead, or worse, distressed, or more
Then dead, or much distressed, O sad, poore
Who ever held such friendes: no let him goe
Such faith is praisd, then laught at, for still knowe,
Those are the living woemen that reduce,
All that they touch unto their ease and use,
Knowing that wedlock, virtue or good names,
Are courses and varietyes of reason
To use or leave as they advantage them,
And absolute within themselves reposde,
Onely to Greatnes Ope, to all els closde.
Weake sanguine fooles, are to their owne good nice.
Before I held you vertuous but now wise.

So. Zanthia victorious Massinissa liv's.
My Massinissa lives: O steddye powers
Keepe him as safe as heaven keepes the earth,
Which lookes upon it with a thousand eyes,
That honest valiant man and Zanthia,
Doe but recorde the justice of his love,
And my for ever vowes, for ever vowes.

Za. I true Madam: nay thinke of his great minde
His most just heart his all of excellence
And such a virtue as the Gods might envy.
Against this Syphax is but — and you know,
Fame lost what can be got thats good: for:

Xanthie. Je suis ta créature.

Syphax. Bien, prends et n'en rougis !
Le dieu des serviteurs est toujours le profit. *Il sort*.

Sophonisbe. Où en suis-je, Xanthie ? En fidèle servante,
Parle : ai-je bien agi ?

Xanthie. On ne peut mieux. J'ai craint
Que superstitieuse vertu ne gâche tout.
Mais rare entre les femmes, vous ajustez le bien
Avec les circonstances, car vous prenez grand soin
D'un plus grand bien. Par soi commence charité.
Fautive qui attente à son intégrité.
Car bon fut Massinisse, certes, mais il est mort,
Ou pis, dans le malheur, ou plus que mort, ou bien
Au comble du malheur. Pauvre, dans le chagrin —
Qui tels amis se garde ? Non, donnez-lui congé.
On vante, et puis on raille tant de fidélité.
Sachez encor que femmes bien vivantes sont celles
Qui tout ce qu'elles touchent réduisent à leur aise,
Sachant que mariage, ou vertu, ou renom
Sont modes variables de l'humaine raison,
A prendre ou à laisser, selon leur convenance,
Et qui, toutes tournées vers leur intérieur,
Fermées à tout le reste, ne s'ouvrent qu'aux grandeurs.
Folle et d'un faible sang la prude qui se nuit.
Je vous tenais pour chaste, mais sage vous voici.

Sophonisbe. Xanthie, victorieux, vivant est Massinisse.
Mon Massinisse vit. Immuables puissances,
Oh ! veillez sur ses jours comme veille le Ciel
De son millier d'yeux sur la terre ! Veillez
Sur cet homme d'honneur et de vertu ! Xanthie,
N'as-tu pas souvenir de son si juste amour,
Et de mes vœux jurés à jamais, à jamais ?

Xanthie. Ah ! madame, c'est vrai. Songe à ce grand esprit,
A ce si juste cœur, à ce tout d'excellence,
Et puis à cette vertu que les dieux envieraient !
Au regard de cela Syphax n'est — et tu sais
Ce que, renom perdu, rapporte de bon —

So. Hence
Take nay with one hand.

Za. My service.

So. Prepare
Our sacrifice.

Za. But yeeld you, I or no?

So. When thou dost know —

Za. What then?

So. Then thou wilt know.
Exit Zanthia.

Let him that would have counsell voide th'advice
Of friendes made his with waighty benefites
Whose much dependance onely strives to fit
Humor not reason, and so still devise
In any thought to make their friend seeme wise.
But above all O feare a servants toung,
Like such as onely for their gaine to [1] serve.
Within the vaste capacitye of place
I know no vilenes so most truly base.
Their Lordes, their gaine: and he that most will give,
With him (they will not dye: but) they will live.
Traitors and these are one: such slaves once trust
Whet swords to make thine own blood lick the dust.

Cornets and Organs playing full musick.
Enters [*under the conduct of Zanthia and Vangue*]
the solemnity of a sacrifice, which beeing
entred whilst the attendance furnish the Altar,
Sophonisba [*sings a*] *Songe: which don shee speakes.*

Withdraw, withdraw *All but Zanthia and Vangue depart.*
I not invoake thy arme thou God of sound
Nor thine, nor thine, although in all abound.
High powers immense: But Joviall Mercury

6. *to* : Q et O; Bullen : *do.*

Sophonisbe. Va !
Non, d'une seule main.

Xanthie. Pour vous servir.

Sophonisbe. Prépare
Mon sacrifice.

Xanthie. Mais, cèderez-vous ou non ?

Sophonisbe. Lorsque tu le sauras —

Xanthie. Eh bien ?

Sophonisbe. Tu le sauras.
Xanthie sort.

Qui veut prendre conseil, doit repousser l'avis
D'amis que rendent tels de puissants intérêts,
Et qui, très dépendants, ne visent qu'à flatter
L'humeur, non la raison, et donc, en tout langage,
Feront toujours en sorte que l'ami semble sage.
Mais oh ! craignez toujours d'un serviteur la langue.
Ces gens, on peut s'attendre que leur seul gain ils servent.
Parmi l'immensité qui se trouve d'emplois,
Je ne sais vilenie allant vraiment plus bas.
Leur maître, c'est le gain. Qui plus leur veut donner,
Avec lui ne mourront, mais vivront volontiers.
Servir n'est que trahir. Ces esclaves, dès lors
Que tu te fies à eux, aiguiseront des fers
Pour que ton propre sang lèche la poussière.

Tandis que cornets et orgue jouent à pleins sons, entre, en grande cérémonie, la procession d'un sacrifice [*conduite par Xanthie et Bangui*] ; *après quoi, pendant que les serviteurs préparent l'autel, Sophonisbe* [*entonne un*]*chant, puis se met à parler.*

Allez, retirez-vous ! *Tous sortent, excepté Xanthie et Bangui.*
Je n'invoque ton bras, ô dieu de tous les sons,
Ni le tien, ni le tien, bien qu'en vous tous abondent
D'immenses, hauts pouvoirs. Pour Mercure joyeux,

And thou O brightest femall of the sky
Thrice modest Phoebe, you that jointly fit
A worthy chastity and a most chast witte
To you corruptles Hunny, and pure dewe
Upbreathes our holy fier. Words just and few
O daine to heare if in poore wretches cryes
You glory not: if drops of withered eyes
Bee not your sport, bee just: all that I crave
Is but chast life or an untainted grave.
I can no more: yet hath my constant toung
Let fall no weakenes, tho' my heart were wrung
With pangs worth hell: whilst great thoghts stop our tears
Sorrowe unseene, unpittied inward wears.
You see now where I rest, come is my end.
Cannot heaven, virtue, against weake chance defend?
When weaknes hath outborne what weaknes can,
What should I say tis Joves, not sinne of man.
Some stratagem now let wits God be showne,
Celestiall powers by miracles are knowne.
I hav't tis don. Zanthia prepare our bed.
Vangue.

Va. Your servant.

So. Vangue we have performd
Due rites unto the dead.
Sophonisba presents a carous to Vangue [1].
Now to thy Lord
Great Syphax healthfull cups: which don, the King
Is right much welcome.

Va. Were it as deep as thoght
Off it should thus — *He drinks.*

So. My safety with that draught.

Va. Close the vaults mouth least we do slip in drinke.

So. To what use gentle Negro serves this cave
Whose mouth thus opens so familiarly,
Even in the Kings bedchamber?

7. Indication scénique inachevée (Q et O : *Vangue &&&*).

Et toi qui, des déesses, brilles le plus au cieux,
Phoebé trois fois modeste, toi qui ensemble unis
Chasteté précieuse et non moins chaste esprit,
Pour vous, pure rosée et miel immaculé
Mon feu sacré exhale. Oh ! daignez écouter
Ces quelques justes mots. Si des cris du malheur
Vous ne tirez pas gloire, ni agrément des pleurs
D'yeux flétris, soyez justes ; tout ce que veut mon âme
C'est une chaste vie, ou un tombeau sans blâme.
Je n'en puis plus. Pourtant ma langue a su, constante,
Ne pas faiblir lors même qu'un enfer de souffrances
Broyait mon cœur.
Si de grandes pensées font obstacle à mes pleurs,
Un deuil non vu, non plaint, me ronge, intérieur.
Voyez : je suis à bout. Jupiter, ne sais-tu
Contre un faible hasard défendre la vertu ?
Quand le faible supporte plus qu'il ne peut porter,
Que dire ? —C'est au Ciel qu'incombe le péché.
Usons d'un stratagème. Dieu rusé, fais-toi voir !
Le Ciel par des miracles démontre ses pouvoirs.
J'y suis, c'est fait ! Xanthie, apprête notre couche.
Bangui !

Bangui. Pour vous servir.

Sophonisbe. Bangui, nous sommes quitte
Des rites dûs au mort.
Sophonisbe offre une libation à Bangui.
Ores, levons nos coupes
A la santé du grand Syphax, ton maître. Ensuite,
Roi, sois le bienvenu !

Syphax. Fût-ce un puits de malice,
Vois, j'en ferais cul sec ! *Il boit.*

Sophonisbe. Cette gorgée me sauve.

Bangui. Fermez le souterrain. J'y pourrais glisser ivre.

Sophonisbe. Gentil nègre, dis-moi à quoi sert cette grotte
Dont l'orifice donne un accès si intime
A la chambre royale elle-même.

Va. O my Queene
This vault with hideous darkenes and much length
Stretcheth beneath the earth into a grove
One league from Cirta (I am very sleepy)
Through this when Cirta hath beene strong begirt
With hostile siedge the King hath safely scaped
To, to —

So. The wine is strong.

Va. Strong?

So. Zanthia.

Za. What meanes my princes?

So. Zanthia rest firme
And scilent, helpe us: Nay do not dare refuse.

Za. The Negros dead.

So. No drunke.

Za. Alas.

So. Too late,
Her hand is fearfull whose mindes desperate.
It is but sleepie Opium he hath drunke,
Helpe Zanthia.

They lay Vangue in Syphax bed and draw the curtaines.

There lye Syphax bride, a naked man
Is soone undrest. There bide dishonoured passion.

They knock within, forthwith Syphax comes.

Sy. Way for the King.

So. Straight for the King: I flye
Where misery shall see nought but it selfe.
Deere Zanthia close the vault when I am sunk
And whilst he slips to bed escape, be true,
I can no more, come to me: Harke Gods, my breath
Scornes to crave life, graunt but a well famde death.

She descends.

Bangui. O ma reine,
Cette voûte remplie de hideuses ténèbres
Se prolonge très loin sous terre et gagne un bois
Qu'une lieue de Cirta sépare — Oh ! j'ai sommeil ! —
C'est par là, quand Cirta dut soutenir un siège
Rigoureux, que le roi put s'échapper sans mal
Jusqu'à, jusqu'à —

Sophonisbe. Le vin est bien fort.

Bangui. Fort ?

Sophonisbe. Xanthie !

Xanthie. Que me veut ma princesse ?

Sophonisbe. D'un cœur ferme, Xanthie,
Aide-nous en silence ; n'ose point refuser !

Xanthie. Le nègre est mort.

Sophonisbe. Non, ivre.

Xanthie. Hélas !

Sophonisbe. Tout est joué.
Redoutable est la main d'une désespérée.
S'il dort, c'est d'avoir bu seulement de l'opium.
Xanthie, viens-nous en aide !
Elles couchent Bangui dans le lit de Syphax et tirent les rideaux.
Dors là, jeune épousée de Syphax ; homme nu
Est vite dévêtu. Dormez là, amours viles.

On frappe au dehors, Syphax entre aussitôt.

Syphax. Le roi !

Sophonisbe. Le roi ! J'accours ! ... Je m'enfuis vers des lieux
Où le malheur n'aura pour témoin que lui-même.
Chère Xanthie, referme sur moi le souterrain.
Quand il se glissera au lit, fuis ! Sois loyale ;
Plus un mot ; rejoins-moi. Grands dieux, mon souffle implore
Non odieuse vie, mais honorable mort. *Elle descend.*

Enter Syphax ready for bedd, [*with attendants*].

Sy. Each man withdraw, let not a creature stay
Within large distance.

Za. Sir?

Sy. Hence Zanthia,
Not thou shalt heare, all stand without eare-reach
Of the soft cries nice shrinking brides do yeeld
When —

Za. But Sir —

Sy. Hence — stay, take thy delight by steps,
Thinke of thy joyes, and make long thy pleasures,
O silence thou dost swallow pleasure right,
Wordes take away some sense from our delight;
Musique:
Be proud my Venus, Mercury thy tong,
Cupid thy flame, bove all O Hercules
Let not thy backe be wanting: for now I leape
To catch the fruite none but the Gods should reap.
Offering to leape into bed, he discovers Vangue.
Hah! can any woman turne to such a Divell?
Or: or: Vangue, Vangue —

Va. Yes, yes.

Sy. Speake slave,
How camst thou here?

Va. Here?

Sy. Zanthia, Zanthia,
Wher's Sophonisba? Speake at full, at ful,
Give me particular faith, or know thou art not —

Za. Your pardon just mov'd prince and private eare.

Sy. Ill actions have some grace, that they can feare.

Va. How cam I laid? Which way was I made drunk?

Entre Syphax, [avec sa suite], prêt à se coucher.

Syphax. Que chacun se retire ; et qu'à bonne distance
Tout le monde se tienne.

Xanthie. Sire !

Syphax. Hors d'ici, Xanthie !
Nul, même toi, ne doit être à portée d'entendre
Les prudes petits cris des épousées tremblantes
Quand —

Xanthie. Mais Sire —

Syphax. Hors d'ici ! — Tout doux, prends bien le temps
De jouir, songes-y, prolonge ton plaisir.
O silence, tu sais nos plaisirs savourer ;
A trop parler s'émousse un peu la volupté.
Musique !
Sois hardie, ma Vénus ! Mercure, que ta langue,
Cupidon, que ta flamme, et que tes reins, surtout,
Hercule, ne nous manquent ; or je m'en vais bondir
Vers le fruit que les dieux eux seuls devraient cueillir.
Alors qu'il s'apprête à sauter dans le lit, il découvre Bangui.
Se peut-il qu'une femme en tel démon se change ?
Ou bien — ou bien — Bangui, Bangui —

Bangui. Oui.

Syphax. Parle, esclave.
Comment es-tu venu ici ?

Bangui. Ici ?

Syphax. Xanthie, Xanthie !
Où donc est Sophonisbe ? Parle, dis tout, dis tout.
Sers-moi de tout ton zèle, ou, sache-le, tu meurs —

Xanthie. Prince au juste courroux, pardon ; puis-je en [secret —

Syphax. La vertu des forfaits, c'est qu'ils puissent trembler.

Bangui. Qui m'a couché ici ? Comment fus-je grisé ?

Where am I? Think, or is my state advanc'd?
O Jove how pleasant is it but to sleepe
In a kings bed!

Sy. Sleepe there thy lasting sleep
Improvident, base, o're-thirsty slave.

Syphax killes Vangue.

Dy pleas'd a kings couch is thy too proud grave.
Through this vault sayst thou?

Za. As you give me grace
To live, tis true.

Sy. We will be good to Zanthia;
Go cheare thy Ladie, and be private to us.

She descends after Sophonisba.

Za. As to my life.

Sy. I'le use this Zanthia,
And trust her as our dogs drink dangerous Nile,
Only for thirst, then [1] Flie the Crocodile:
Wise Sophonisba knowes loves trickes of art,
Without much hindrance, pleasure hath no hart;
Dispight all vertue or weake plots I must,
Seaven waled Babell cannot bear out lust.

Descends through the vault.

Scena Secunda.

Cornets sound Marches. Enter Scipio and Laelius with the complements of a Roman Generall before them, At the other dore, Massinissa and Jugurth.

Ma. Let not the virtue of the world suspect
Sad Massinissas faith: nor once condemne
Our just revolt: Carthage first gave me life,
Hir ground gave food, hir aire first lent me breath.

---

8. *then* : émendation proposée par Kemp. Q et O : *the*.

Où suis-je ? Eh quoi ! mon rang se serait-il haussé ?
Dormir, rien que dormir, dans la couche d'un roi,
Ciel, que c'est doux !

Syphax. Dors-y d'un sommeil éternel,
Esclave imprévoyant, vil ivrogne, soiffeur.

Syphax tue Bangui.

Meurs content. Lit d'un roi pour tombeau ! Trop d'honneur !
Par la grotte, dis-tu ?

Xanthie. Je dis vrai, sur la vie
Dont tu me fais la grâce.

Syphax. Nous te choierons. Va-t-en,
Conforte ta maîtresse et garde nos secrets.

Xanthie. Comme ma vie.

Elle descend pour rejoindre Sophonisbe.

Syphax. J'aurai de Xanthie un usage
Méfiant, tels nos chiens ne se risquant au Nil
Que par soif : vite, ils boivent, puis fuient le crocodile.
La fine Sophonisbe d'Amour sait mainte ruse ;
S'il n'est semé d'obstacles, tout plaisir bientôt s'use.
Vertu, faibles complots, n'importe, mon désir,
Plus fort que les sept murs de Babel, doit jouir.

Il disparaît dans le souterrain.

Scène ii

Des cornets sonnent des marches. Entrent Scipion et Laelius ; on porte devant eux les insignes de général romain. A l'autre porte, Massinisse et Jugurtha.

Massinisse. Vertu de l'univers, ne suspecte la foi
Du triste Massinisse ; non, jamais ne condamne
Notre juste révolte. A Carthage je dois
Le don premier de vivre, nourriture à son sol,

The Earth was made for men, not men for Earth.
Scipio I do not thanke the Gods for life,
Much lesse vile men, or earth: know best of Lords,
It is a happy being breath well fam'd,
For which Jove fees [1] these thus; Men be not foold
With piety to place: traditions feare,
A just mans contry Jove makes everywhere.

Sci. Well urgeth Massinissa, but to leave
A Citie so ingrate, so faithlesse, so more vile
Then civill speach may name, fear not, such vice
To scourge is heavens most gratefull sacrifice.
Thus all confesse first they have broke a faith
To thee most due, so just to be observ'd
That barbarousnes it selfe may well blush at them.
Where is thy passion? They have shar'd thy crowne
Thy proper right of birth; contriv'd thy death.
Where is thy passion? Given thy beauteous spouse
To thy most hated rivall: statue, not man,
And last thy freind Gelosso (man worth Gods)
With tortures have they rent to death.

Ma. O Gelosso
For thee full eyes.

Sci. No passion for the rest.

Ma. O Scipio my greefe for him may be expressd by teares
But for the rest silence and secret anguish
Shall wast: shall wast: — Scipio he that can weepe,
Greeves not like me private inward drops
Of bloud: my heart — for Gods rights give me leave
To be a short time Man.

Sci. Stay prince.

Ma. I cease;
Forgive if I forget thy presence: Scipio
Thy face makes Massinissa more then man,

9. *fees* : O ; Q : *sees*. C'est à la recherche de l'intégrité et de la gloire que Jupiter emploie (*fees*) les hommes et leurs pays (*these*) (West et Thorssen). Mais bien d'autres interprétations ont été proposées...

Premier souffle à son air. La terre fut créée
Pour servir l'homme et non pour que l'homme la serve.
Je ne remercie pas, Scipion, les dieux de vivre,
Encor moins une tourbe d'hommes vils ou de terre.
Heureux qui bien famé respire. O grand seigneur,
Sache qu'à cette fin Jupiter use d'eux.
Ne soyez pas, humains,
Les sots vénérateurs des lieux et des coutumes.
De tout endroit le Ciel fait la patrie du juste.

Scipion. Bien plaidé, Massinisse ! Que crains-tu de laisser
Cette ingrate cité, si perfide, et plus vile
Que tout civil discours ne peut dire. Un tel vice
Punir, c'est pour le Ciel le plus doux sacrifice.
Car, de l'aveu de tous, ils ont rompu d'abord
Une si juste foi, à toi tellement due
Que même des barbares rougiraient à leur vue.
Quoi ! toujours impassible ? Usurpant ta couronne,
Ce droit de la naissance, ils ont tramé ta mort.
Impassible ? Livré ta splendide épousée
A ton pire rival. Es-tu homme ou de marbre ?
Gelosso, ton ami, homme digne des dieux,
Enfin sous la torture ils ont brisé à mort.

Massinisse. Oh ! Gelosso, pour toi mes yeux noyés de [pleurs —

Scipion. Pour le reste impassible ?

Massinisse. Scipion,
Mon deuil pour lui, des pleurs le peuvent exprimer.
Pour le reste, silence et angoisse secrète
Devront l'user, l'user. Qui de pleurs est capable,
Scipion, n'épanche pas, comme moi, au-dedans,
Son sang à grosses gouttes. Mon cœur — accorde-moi,
Au nom des droits divins, un court moment, d'être homme.

Scipion. Il suffit, Prince.

Massinisse. Soit, je n'en dirai pas plus.
Pardonne si j'oublie ta présence ; Scipion,
Ta vue à Massinisse donne un cœur surhumain.

And here before your steddy power a vow
As firme as fate I make: when I desist
To be commaunded by thy virtue, Scipio
Or fall from frend of Romes, revenging Gods
Aflict me worth your torture: I have given
Of passion and of faith my heart.

Sci. To counsel then,
Greefe fits weake hearts, revenging virtue men.
Thus I thinke fit, before that Syphax know
How deepely Carthage sinkes, lets beat swift march
Up even to Cirta, and whilst Syphax snores
With his, late thine —

Ma. With mine? No Scipio,
Libea hath poyson, aspes, knives, and to much earth
To make one grave, with mine? Not, she can dye,
Scipio, with mine? Jove say it thou dost lie.

Sci. Temperance be Scipios honor.

Lae. Cease your strife
She is a woman.

Ma. But she is my wife.

Lae. And yet she is no god.

Ma. And yet she's more.
I do not prayse Gods goodnes but adore.
Gods cannot fall, and for their constant goodnesse
(Which is necessited) they have a crowne
Of never ending pleasures: but faint man
(Framd to have his weaknes made the heavens glory)
If he with steddy vertue holdes all seidge
That power, that speach, that pleasure, that full sweets
A world of greatnes can assaile him with,
Having no pay but selfe wept miserie,
And beggars treasure heapt, that man Ile prayse
Above the Gods.

Sci. The Libean speakes bold sense.

Ma. By that by which all is, Proportion,

Puissance inébranlable, je prononce ici-même
Cet inflexible vœu devant toi : si je cesse,
Scipion, d'avoir pour guide ta vertu, si l'ami
De Rome à ses liens déroge, dieux vengeurs,
Que vos tourments m'accablent ! De ma peine et ma foi
J'ai déchargé mon cœur.

Scipion. Décidons à présent ;
Aux faibles sied le deuil, la vengeance aux cœurs mâles.
Voici mon plan : avant que Syphax ne mesure
Le désastre où Carthage a sombré, battons vite,
Droit sur Cirta, la marche ; tandis que Syphax ronfle
Avec sa ... qui fut tienne ...

Massinisse. Avec elle ? Non, non.
A la Lybie ne manquent aspics, poignards, poison,
Terre pour une tombe. Avec elle, Scipion ?
Non, elle peut mourir. Avec elle, as-tu dit ?
Proclame, Jupiter, que Scipion a menti !

Scipion. Que l'honneur de Scipion soit de demeurer calme !

Laelius. Cessez votre dispute : elle n'est qu'une femme.

Massinisse. Mais elle est mon épouse.

Laelius. Mais déesse non point.

Massinisse. Elle est bien plus encore.
Des dieux je ne loue pas la bonté, je l'adore.
Ils ne peuvent déchoir. Pour leur bonté constante,
Qui est nécessitée, ils ont un diadème
De plaisirs éternels ; mais l'homme frêle, fait
Pour offrir sa faiblesse à la gloire des cieux,
Si d'un cœur ferme il sait soutenir tous assauts
Dont pouvoir, et discours, et plaisir, et délices,
Et monde de grandeurs le peuvent assiéger,
Quand pleurer sa misère, amasser un trésor
De gueux est son seul prix, un tel homme au-dessus
Des dieux je loue.

Scipion. Hardis sont tes propos, Lybien.
Massinisse. Par ce qui tout ordonne, par la proportion,

I speake with thought.

Sci. No more.

Ma. Forgive my admiration.
You toucht a string to which my sense was quick.
Can you but thinke? Doe, do; my greefe! My greefe
Would make a Saint blaspheme: give some releefe,
As thou art Scipio forgive that I forget,
I am a Soldier; such woes Joves ribs would burst,
Few speake lesse ill that feele so much of worst.
My eare attends.

Sci. Beefore then Syphax ioine
With new strength'd Carthage, or can once unwind
His tangled sense from out so wilde amaze
Fall we like suddeine lightning fore his eyes;
Boldnesse and speed are all of victories.

Ma. Scipio, let Massinissa clip thy knees;
May once these eyes vew Syphax? Shall this arme
Once make him feele his sinue? O yee Gods
My cause, my cause! Justice is so huge odds
That he who with it feares, Heaven must renounce
In his creation.

Sci. Beat then a close quicke march
Before the morne shall shake cold dewes through skyes,
Syphax shall tremble at Romes thicke allarmes.

Ma. Yee powres I challenge conquest to just armes.

With a full florish of Cornettes they depart.

Actus Tertii Finis.

Organs Violls and Voices play for this Act.

Ils ont plein sens.

Scipion. Suffit !

Massinisse. Pardonne mes transports.
C'est que tu m'as touché par où je suis sensible.
Quoi ! N'y peux-tu songer, oui, songer ? De ma peine,
Ah ! de ma peine un saint blasphèmerait. Concède
Quelque répit. Le cœur de Jupiter lui-même
Ses côtes crèverait, tant ces maux sont extrêmes.
Quand du pire il pâtit, qui serait moins blasphème ?
Je te suis attentif.

Scipion. Avant donc que Syphax n'apporte son renfort
A Carthage, ou ne puisse démêler ses esprits
De la confusion sauvage où il est pris,
Tombons comme l'éclair subit devant ses yeux.
Audace et promptitude sont le tout des victoires.

Massinisse. Souffre que Massinisse étreigne tes genoux.
Ces yeux pourront-ils voir un jour Syphax ? Ce bras
Lui faire un jour sentir son nerf ? O dieux du Ciel,
Aidez, aidez ma cause !
Qui Justice a pour soi, son avantage est tel
Que le Ciel le devrait renier, s'il ne perd
Toute frayeur.

Scipion. Battons prompte et secrète marche.
Avant que l'aube aux cieux ne disperse le givre,
Des assauts drûs de Rome, Syphax, tu trembleras.
De justes armes, dieux, couronnez le combat !

Ils s'en vont, au son d'une grande fanfare de cornets.

Orgue, violes et voix pour clôre l'Acte.

Actus Quarti. Scena Prima.

Enter Sophonisba and Zanthia as out of a caves mouth.

So. Where are wee Zanthia?

Za. Vangue said the cave
Op'ned in Belos forrest.

So. Lord how sweete
I sent the ayre? The huge longe vaultes close vaine,
What dumps it breathd? In Belos forrest sayst?
Be valiant Zanthia; how farr's Utica
From these most heavy shades?

Za. Ten easy leagues.

So. Thers Massinissa, my true Zanthia
Shals venture nobly to escape, and touch
My Lordes just armes: Loves winges so justly heave
The body up, that as our toes shall trip
Over the tender and obedient grasse,
Scarse any drop of dew is dasht to ground.
And see the willing shade of friendly night
Makes safe our instant haste: Boldnesse and speede
Make actions most impossible succeede.

Za. But Madam know the forrest hath no way
But one to passe the which holds strictest gard.

So. Doe not betray me Zanthia.

Za. I Madam.

So. No
I not mistrust thee, yet, but —

Za. Here you may
Delay your time.

Acte IV, Scène i

Entrent Sophonisbe et Xanthie,
comme si elles sortaient d'un souterrain.

Sophonisbe. Où sommes-nous, Xanthie ?

Xanthie. D'après Bangui, la voûte
Ouvre dans la forêt de Bélos.

Sophonisbe. Dieu, que l'air
Ici me semble doux ! Que cette immense voûte
Enfermait de moiteurs ! La forêt de Bélos ?
Du courage, Xanthie ! A combien est Utique
De ces lourdes ténèbres ?

Xanthie. Dix lieues de bon chemin.

Sophonisbe. C'est là qu'est Massinisse : ma fidèle Xanthie,
Oserons-nous risquer une si noble fuite ?
Toucher ses justes bras ! Les ailes de l'amour
Si justement soulèvent le corps que c'est à peine,
Quand nos pieds frôleront l'herbe tendre et soumise,
Si d'un seul de ses brins crèvera la rosée.
Vois, les ombres complices de la nuit bienveillante
Couvrent nos pas pressés. Audace et promptitude
A l'impossible même accordent le succès.

Xanthie. Mais, madame, sachez qu'il n'est dans la forêt
Qu'un passage, lequel est strictement gardé.

Sophonisbe. Ne va point me trahir, Xanthie.

Xanthie. Qui ? Moi, madame ?

Sophonisbe. Je ne me défie pas de toi, non ... Mais ...

Xanthie. Prenez,
Ici, un peu de temps.

So. I Zanthia delay
By which we may yet hope, yet hope. Alas
How all be numd's my sense. Chaunce hath so often struck
I scarce can feele: I should now curse the Gods
Call on the furies: stampe the patient earth
Cleave my streachd cheeks with sound, speake from all sense
But loud and full of players eloquence.
No, no. What shall we eate?

Za. Madam ile search
For some ripe Nuts which Autumn hath shook down
From the unleav'd Hasel, then some cooler ayre
Shall lead me to a spring: Or I will try
The courteous pale of some poore forrestres,
For milke.

So. Do Zanthia, O happinesse, *Exit Zanthia.*
Of those that know not pride or lust of citty,
Ther's no man bless'd but those that most men pitty.
O fortunate poore maides, that are not forc'd,
To wed for state nor are for state divorc'd!
Whome policy of kingdoms doth not marry,
But pure affection makes to love or vary,
You feele no love, which you dare not to shew,
Nor show a love which doth not truely grow:
O you are surely blessed of the skie,
You live, that know not death before you die,

Through the vautes mouth in his night gowne, torch in his hand, Syphax enters just behind Sophonisba. [*Zanthia follows.*]

You are:

Sy. In Syphax armes, thing of false lip,
What God shall now release thee?

So. Art a man?

Sy. Thy limbs shall feele, despight thy vertue know
I'le thredd thy richest pearle: this forrests deafe,
As is my lust: Night and the God of scilence,

Sophonisbe. Oui, prendre un peu de temps,
Par quoi garder espoir, garder espoir. Hélas !
Mes sens sont tout transis. Le sort m'a tant frappée.
J'en suis comme engourdie. Dois-je les dieux maudire,
Invoquer les furies, frapper le sol patient,
Gonfler de son mes joues, les distendre à craquer,
Parler en insensée, m'enfler de l'éloquence
Du sonore histrion ? Non — Qu'allons-nous manger ?

Xanthie. Je vais chercher, madame, quelques noisettes mûres
Qu'a fait tomber l'automne des branches dénudées ;
Et puis quelque fontaine qu'annonce un air plus frais.
Ou, dans l'enclos courtois de pauvres bûcherons,
Du lait.
Sophonisbe. Va, Xanthie, va ... Heureux qui, de la ville,
Xanthie sort.
Ne connaît ni l'orgueil ni les bas appétits !
Béni l'homme que plaignent communément les hommes.
Fortunée, bien que pauvre, la vierge que ne force
Nulle raison d'Etat à l'hymen, au divorce,
Qu'aucune politique ne fait se marier,
Qu'on voit d'un pur penchant aimer ou varier ;
Vous n'avez pas d'amour que vous n'osiez montrer,
Ni ne montrez d'amour que l'on ne sache vrai.
Oui, vous êtes bénies et vous vivez vraiment,
Vous qui n'êtes touchées par la mort qu'en mourant.

De l'entrée du souterrain surgit Syphax en chemise de nuit, torche à la main, juste derrière Sophonisbe ; [*Xanthie le suit*].

Vous êtes —

Syphax. Dans mes bras ; perfide créature,
Quel dieu peut t'arracher à moi ?

Sophonisbe. Es-tu un homme ?

Syphax. Ton corps va le sentir. Et malgré ta vertu,
Ta perle la plus riche, je la vais enfiler.
Sourde est cette forêt comme l'est mon désir.

Swels my full pleasures, no more shalt thou delude
My easie credence. Virgin of faire brow,
Well featurde creature, and our utmost wonder,
Queene of our youthfull bed be proud,

Syphax setteth away his light,
and prepareth tin'brace Sophonisba.

Ile use thee —

Sophonisba snatcheth out her knife.

So. Look thee, view this, show but one strain of force
Bow but to sease this arme, and by my selfe,
Or more by Massinissa this good steele,
Shall set my soule on wing. Thus formde Gods see,
And men with Gods worth envy nought but me.

Sy. Doe strike thy breast, know being dead, Ile use,
With highest lust of sense thy senselesse flesh,
And even then thy vexed soule shall see,
Without resistance, thy trunke prostitute,
Unto our appetite.

So. I shame to make thee know,
How vile thou speakest: Corruption then as much,
As thou shalt doe: but frame unto thy lusts,
Imaginations utmost sin: Syphax,
I speake all frightles, know I live or die
To Massinissa, nor the force of fate
Shall make me leave his love, or slake thy hate.
I will speake no more.

Sy. Thou hast amazde us, Womans forced use,
Like unripe fruites, no sooner got but waste,
They have proportion, colour but no taste,
Thinke Syphax — Sophonisba rest thine owne,
Our Guard.

Nuit et dieu du silence font enfler mon plaisir.
Tu ne te joueras plus de ma crédulité,
O vierge au noble front, splendide créature,
Merveille sans pareille, de ma fougueuse couche
Sois la brûlante reine.

Syphax dépose sa torche,
prêt à prendre Sophonisbe à bras-le-corps.

Je vais user de toi —

Sophonisbe sort son couteau.

Sophonisbe. Vois, regarde ceci. Un geste de contrainte,
Un seul pour m'arracher cette arme, et, par ma foi,
Ou mieux, par Massinisse, oui, cette bonne lame
Libèrera mon âme ! Vous qui dieux êtes nés,
Voyez ! Et vous, humains que rend dignes des dieux
Votre valeur, soyez de moi seule envieux !

Syphax. Va, frappe ta poitrine ; j'userai de toi, morte,
Et mes sens jouiront de ta chair insensible.
Alors même, ton âme agitée de tourments,
Impuissante, verra ton corps prostitué
A ma concupiscence.

Sophonisbe. J'ai honte de te dire
Comme ces mots sont vils ; corrompus tout autant
Que le seront tes actes ; mais forge à tes désirs
Le plus inconcevable péché, je te le dis
Et n'en ai point de peur, je vivrai ou mourrai
Fidèle à Massinisse. Te haïr et l'aimer,
Nulle fatalité ne m'en peut détourner.
J'ai dit.

Syphax. Je suis émerveillé. Une femme qu'on force,
A peine y goûte-t-on, comme un fruit vert écœure.
Ils ont couleur et formes, mais ne sont que fadeur.
[*à part*] Songes-y bien Syphax — Reste donc Sophonisbe,
Intouchée. Venez, garde !

Enter a Guard.

Creature of most astonishing vertue,
If with faire usage, love and passionate courtings,
We may obtaine the heaven of thy bed,
We cease no sute, from other force be free.
We dote not on thy body, but love thee.

So. Wilt thou keep faith?

Sy. By thee and by that power
By which thou art thus glorious, trust my vow,
Our guard, convay the roialst excellence
That ever was cald Woman, to our Pallace,
Observe her with strict care:

So. Dread Syphax speak
As thou art worthy: is not Zanthia false?

Sy. To thee she is.

So. As thou art then thy selfe
Let hir not bee.

Sy. Shee is not.

The guard seizeth Zanthia.

Za. Thus most speed,
When two foes are growne friends partakers bleed.

Sy. When Plants must florish, their manure must rot.

So. Syphax bee recompenced. I hate thee not. *Ex*[*eunt*] *Sophonisba,* [*Zanthia and guard*].

Sy. A wasting flame feedes on my amorous bloud
Which wee must coole or dye. What way all power,
All speech full Opportunity can make,
We have made fruitles trial. Infernall Jove,
You resolute Angels that delight in flames,
To you all wonder working spirites I flie

Entre un Garde.

Etonnante vertu !
Si d'honnêtes façons, une ardeur assidue
Peuvent donner accès à ta couche divine,
Nous poursuivrons nos soins, sans user d'autre loi,
Non point fou de ton corps, mais amoureux de toi.

Sophonisbe.
Me tiendras-tu parole ?

Syphax. Par toi, par ce pouvoir
Qui te fait si glorieuse, aie confiance en mon vœu.
Garde, qu'en mon palais on mène ce prodige,
Le plus royal de ceux qui eurent nom de femme.
Qu'on veille à la servir.

Sophonisbe. Redoutable Syphax,
Sur ta valeur, dis-moi si Xanthie n'est point fausse.

Syphax. Elle l'est envers toi.

Sophonisbe. Or, sur ce que tu es,
Fais qu'elle ne soit plus.

Syphax. Elle n'est plus.
Le Garde s'empare de Xanthie.

Xanthie. Si vite !
Ennemis devenus amis, leurs partisans
Le paient de leur sang !

Syphax.
Pour que plantes fleurissent, leur fumier doit pourrir.

Sophonisbe. Syphax, en récompense, je ne veux te haïr.
Sophonisbe sort, [*ainsi que Xanthie et le Garde*].

Syphax. Un feu qui se nourrit de mon sang se consume.
Il nous faut l'apaiser ou mourir. C'est en vain
Que nous fîmes l'essai de tout ; pouvoir, paroles
Occasion propice. Jupiter infernal,
Et vous, anges superbes qui vous plaisez aux flammes,
Vers vous, esprits faiseurs de merveilles, j'accours.

Since heaven helpes not, deepest hell weele trie.
Here in this desart the great soule of Charmes,
Dreadfull Erictho lives whose dismall brow,
Contemnes all roofes or civill coverture.
Forsaken graves and tombes the Ghosts forcd out
Shee joyes to inhabit.

Infernall Musicke plaies softly whilst Erictho enters and when she speakes ceaseth.

A loathsome yellowe leannesse spreades hir face
A heavy hell-like palenes loades hir cheekes
Unknowne to a cleare heaven: but if darke windes,
Or thick black cloudes drive back the blinded stars
When her deepe magique makes forc'd heven quake
And thunder spite of Jove: Erictho then
From naked graves stalkes out, heaves proud hir head
With long unkemde haire loaden, and strives to snatch
The Nights quick sulphar: then she bursts up tombes
From half rot searcloaths then she scrapes dry gums
For hir black rites: but when she findes a corse
New gravd whose entrailes yet not turne
To slymy filth, with greedy havock then
She makes fierce spoile: and swels with wicked triumph
To bury hir leane knuckles in his eyes.
Then doth she knaw the pale and or'egrowne nailes
From his dry hand: but if she find some life
Yet lurking close she bites his gelled lips,
And sticking her blacke tongue in his drie throat,
She breathes dire murmurs, which inforce him beare
Her banefull secrets to the spirits of horror.
To her first sound, the Gods yeeld any harme,
As trembling once to heare a second charme.
She is:

Eri. Here Syphax here, quake not, for know
I know thy thoughts, thou wouldst entreat our power,
Nice Sophonisba's passion to enforce

Puisque le Ciel ne m'aide, noir Enfer, au secours !
Dans ce désert habite la grande enchanteresse,
L'effroyable Erictho, dont le sinistre front
Méprise tous les toits, tous les civils abris.
Des tombes, des sépulcres elle expulse les spectres,
Elle y vit, elle exulte.

Une musique infernale joue doucement tandis qu'entre Erictho ; elle cesse lorsque parle Erictho.

Une maigreur affreuse envahit son visage,
Qu'une pâleur d'enfer alourdit et jaunit,
Inconnue d'un ciel clair ; mais si de sombres vents,
D'épais nuages noirs offusquent les étoiles,
Lorsque son art magique fait s'ébranler le ciel
Et le force à tonner, défiant Jupiter,
Lors la fière Erictho des sépulcres nus sort ;
Hardiment elle cambre sa tête qu'alourdissent
Ses longs cheveux épars et s'efforce à capter
Le vil soufre nocturne ; ouvre, brisant des tombes,
De putrides linceuls, et de sèches gencives
Râcle pour ses noirs rites. Sur les corps récemment
Enfouis, dont les entrailles en ordures gluantes
N'ont pas encor fondu, féroce elle s'acharne,
— Carnage avide — et s'enfle d'un triomphe méchant
Pour sonder leurs orbites de ses doigts décharnés,
Puis se met à ronger les pâles ongles longs
De leurs mains sèches ; mais, sentant rôder encore
Quelque vie, elle mord dans les lèvres gelées
Et, collant dans la gorge sèche sa langue noire,
Y murmurant sinistre, lui fait porter par force
De funestes secrets aux esprits de l'horreur.
Les dieux, dès qu'elle parle, tout forfait lui concèdent,
Comme tremblant d'ouïr un second sortilège.
Elle est —

Erictho. Viens là, Syphax, viens sans trembler, car sache
Que je sais tes pensées : prier notre pouvoir
De faire que la prude Sophonisbe réponde

To thy affection, be al full of Love [1],
Tis done, tis done, to us heaven, earth, sea, aire,
And Fate it selfe obayes, the beastes [1] of death,
And all the terrors angry Gods invented,
(T'afflict th'ignorance of patient man),
Tremble at us: the roulde up snake uncurls,
His twisted knots at our affrighting voice.
Are we incensd? The King of flames grows pale,
Least he be choakde with blacke and earthy fumes,
Which our charms raise: Be joi'd, make proud thy lust.
I do not pray you Gods, my breathes: You must.

Sy. Deepe knowing spirit, mother of all high
Misterious science, what may Syphax yeeld,
Worthy thy art, by which my soule's thus easde?
The Gods first made me live, but thou live pleasde.

Eri. Know then our love, hard by the reverent ruines
Of a once glorious temple rearde to Jove,
Whose very rubbish (like the pittied fall,
Of Vertue much unfortunate) yet beares
A deathlesse Majesty though now quite rac'd,
Hurld downe by wrath, and lust of impious Kings
So that where holy Flamins wont to sing
Sweet Hyms to heaven, there the daw and crow,
The ill voic'de Raven, and still chattering Pie:
Send out ungratefull sound, and loathsome filth,
Where statues and Joves acts were vively lim'd
Boyes with blacke coales, draw the vaild parts of nature,
And leacherous actions of imaginde lust,
Where tombes and beauteous urns of well dead men
Stoode in assured rest, the shepheard now,
Unloads his belly: Corruption most abhord
Mingling it selfe with their renowned ashees,
Our selfe quakes at it.
There once a Charnel house, now a vast cave,
Over whose brow a pale and untrod grove
Throwes out her heavy shade, the mouth thick armes

10. *Love* : O ; Q : *Jove*.
11. *beastes* : O ; Q : *heastes*.

Ardemment à ta flamme. Sois tout gonflé d'amour.
Elle est à toi, à toi ; ciel, terre, océan, air,
Destin tout m'obéit ; les bêtes de la mort,
Et toutes les terreurs dont les dieux courroucés
Affligent l'ignorance et la patience humaines
Tremblent à notre approche et le serpent desserre
Ses anneaux enroulés tant notre voix l'effraie.
Brûlons-nous de colère ? Le roi du feu pâlit,
Craignant de suffoquer dans les noires fumées
Que créent nos maléfices.
Laisse enfler fièrement ton désir, sois joyeux ;
Dieux, je ne vous prie point, ma voix dit : « Je le veux ».

Syphax. Profond est ton savoir, esprit de haute science,
Source de tout mystère. Quel moyen pour Syphax
De te payer assez, toi dont l'art me délivre ?
Les dieux m'ont donné vie, toi le plaisir de vivre.

Erictho. Sache, ô mon bien-aimé, que tout près des ruines
Vénérables d'un temple qui, jadis glorieux,
Honora Jupiter, et reste en ses décombres
— Tel la Vertu déchue qu'on plaint dans son malheur —
Magnifique à jamais, bien qu'aujourd'hui rasé,
Jeté bas par la rage impie de rois lubriques,
En sorte qu'à l'endroit où montaient les doux hymnes
Des flamines sacrés, le choucas, le corbeau,
La sinistre corneille, la caqueteuse pie
Emettent d'âcres sons, d'écœurantes humeurs ;
Sur les vives images des dieux, et des prouesses
Qu'accomplit Jupiter, on peut voir des enfants
Dessiner au charbon les honteuses parties
Et les actes lascifs qu'invente la luxure.
Aux lieux où reposaient les tombeaux des héros
Et leurs splendides urnes, le berger maintenant
Vient soulager son ventre, ô corruption immonde,
A leurs cendres illustres osant se mélanger.
Nous-même en frémissons.
Ossuaire jadis, à présent vaste grotte
Au front couvert d'un bois livide, impénétrable,
Jetant son ombre épaisse et dont un sombre écran

Of darksom Ewe, (Sun proofe) for ever choake
Within rests barren darknesse, fruitlesse drough
Pines in eternal Night: The steame of Hell
Yeeldes not so lasie ayre: there that's my cell;
From thence a charme which Jove dare not here twice
Shall force her to thy bed: but Syphax know
Love is the highest rebell to our art.
Therfore I charge thee by the feare of all
Which thou knowest dreadfull, or more, by our selfe;
As with swift hast she passeth to thy bed,
And easie to thy wishes yeelds: speake not one word,
Nor dare as thou dost feare thy losse of joyes
T'admit one light, one light.

Sy. As to my Fate:
I yeeld my guidance.

Eri. Then when I shall force
The ayre to musicke and the shads of night
To form sweete sounds: make proud thy rais'd delight.
Meane time behold I go a charme to reare
Whose potent sound will force our selfe to feare.

[*Exit Erictho.*]

Sy. Whether is Syphax heav'd? At length shalls joy
Hopes more desired then Heaven? Sweet laboring Earth
Let Heaven be unform'd with mighty charmes,
Let Sophonisba only fill these armes.
Jove weele not envie thee: Blouds appetite
Is Syphax God: My wisedome is my sense,
Without a man I hold no excellence.
Give me long breath yong beds and sicklesse ease
For we hold firme thats lawfull which doeth please.

Infernall Musique softly.

Harke, harke, now rise infernall tones
The depe fetch'd grones
Of laboring spirits that attend
Erictho.

Eri. (*within*) Erictho.

D'ifs enserre la bouche à jamais et l'étouffe ;
Dedans, rien que ténèbres ; stérile aridité,
Langueur, nuit éternelle ; des vapeurs de l'enfer
Moins de torpeur s'exhale ; voilà où j'ai mon antre,
Tel charme j'y prépare que le Ciel n'oserait
Plus d'une fois l'ouïr. Il la saura forcer
A entrer dans ton lit. Mais sache bien, Syphax,
Qu'Amour par-dessus tout est rebelle à notre art.
C'est pourquoi je t'adjure, par la crainte de tout
Ce que tu sais d'horrible, mieux encor, par nous-même,
Lorsqu'elle gagnera ta couche en grande hâte,
Et, docile à tes vœux, s'offrira, pas un mot,
Et si tu crains de voir tes délices s'enfuir,
Défends, défends l'accès à la moindre lumière.

Syphax. Comme par mon destin je me laisse guider.

Erictho. Quand je forcerai l'air
A devenir musique, et les ombres nocturnes
A former de doux sons, exalte ton plaisir.
Or écoute, tel charme je vais faire tonner
Que nous-même craindrons de l'entendre sonner.

[*Erictho sort.*]

Syphax. En quel céleste lieu sommes-nous transporté ?
Ce que plus que le ciel, ô terre, je désire,
Le travail de ton ventre nous le va-t-il donner ?
Tes charmes opérants le ciel vont-ils défaire ?
Que Sophonisbe soit dans mes bras, Jupiter,
Et je ne t'envie point. Car Syphax a pour dieu
Le charnel appétit, pour sagesse les sens.
Hormis le corps de l'homme, je ne sais d'excellence.
Qu'on me donne long souffle, jeunes ébats, santé,
Je ne sais d'autre loi que cela qui me plaît.

Une musique infernale joue doucement.

Ecoutez-les monter, les infernaux accents,
Les longs gémissements
Des esprits en gésine, qui assistent
Erictho.

Erictho. (*à l'intérieur*) Erictho !

Sy. Now cracke the trembling earth and send
Shreekes that portend
Affrightment to the Gods which heare
Erictho.

Eri. (*within*) Erictho.

A treble Violl and a base Lute play softly within the Canopy.

Harke harke, now softer melody strikes mute
Disquiet nature: O thou power of sound
How thou dost melt me. Hark, now even Heaven
Gives up his soule amongst us: Now's the time
When gready expectation strains mine eyes
For their lov'd object: now Erictho will'd
Prepare my appetite for loves strict gripes
O you dear founts of pleasure Bloud and Beauty
Rayse active Venus worth fruition
Of such provoking sweetnesse. Harke: shee coms,

A short song to soft Musique above.

Now nuptiall Hymes inforced Spirits sing.
Harke, Syphax, harke:

Cantant:

Now Hell and Heaven ringes [1]
With Musique spigh of Phoebus: Peace:

Enter Erictho in the shape of Sophonisba, her face vailed and hasteth in the bed of Syphax.

Shee coms:
Fury of blouds impatient: Erictho
Bove thunder sit; to thee egregious soule
Let all flesh bend. Sophonisba thy flame
But equall mine, and weele joy such delight
That Gods shall not admire, but even spight.

Syphax hasteneth within the Canopy as to Sophonisbas bed.

Actus Quarti. Finis.

A Base Lute and a Treble Violl play for the Act.

---

12. *ringes* : v. *supra* II.1.39.

Syphax. Voici qu'ils font craquer, qu'ils font trembler la terre
Et qu'elle envoie des cris
Annonciateurs d'effroi jusqu'aux dieux qui entendent
Erictho.

Erictho. (*à l'intérieur*) Erictho !

Dessus de viole et luth basse jouent doucement depuis l'arrière-scène.

Syphax. Voici qu'une plus douce mélodie rend muette
L'inquiète Nature. O puissance du son,
Tu fais fondre mon être ! Vois, le Ciel même exhale
Son âme parmi nous. Voici l'heure où l'avide
Impatience astreint mes yeux à rechercher
Leur doux objet ; c'est l'heure, voulue par Erictho,
Où mon désir s'apprête aux spasmes des étreintes.
O vous, sang et beauté, fontaines de plaisir,
Faites Vénus en moi monter jusqu'à jouir
De ces appâts suaves. La voici, elle vient !

D'en-haut parvient une brève chanson accompagnée d'une douce musique.

Entends les chants nuptiaux des esprits que contraint
Erictho. Oui, entends !

Chants.

Ciel et enfer résonnent
D'accents dont blémirait Phœbus. Paix, elle approche !

Entre Erictho sous la forme de Sophonisbe, le visage voilé ; elle se précipite dans le lit de Syphax.

Fureur du sang ne sait attendre. Erictho, siège
Au-dessus du tonnerre ! Ame insigne, que ploie
Devant toi toute chair ! Si ton feu, Sophonisbe,
Au mien veut s'égaler, de notre volupté
Les dieux seront non point ravis, mais dépités.

Syphax se précipite sous le dais de l'arrière-scène, croyant y rejoindre Sophonisbe.

Luth basse et dessus de viole pour la fin de l'Acte.

Actus Quinti. Scena Prima.

Syphax draws the curtaines and discovers Erictho lying with him.

Eri. Ha, ha, ha.

Sy. Light, light.

Eri. Ha, ha.

Sy. Thou rotten scum of Hell —
O my abhorred heat! O loath'd delusion!

They leape out of the bed. Syphax takes him to his sword.

Eri. Why foole of kings, could thy weake soule imagin
That t'is within the graspe of Heaven or Hell
To inforce love? Why know Love doates the Fates
Jove groanes beneath his waight: mere [1] ignorant thing,
Know we Erictho, with a thirsty womb
Have coveted full threescore Suns for bloud of kings,
We that can make inraged Neptune tosse
His huge curld lockes without one breath of wind:
We that can make Heaven slide from Atlas shoulder:
We in the pride and haight of covetous lust
Have wisht with womans gredines to fill
Our longing armes with Syphax well strong lims:
And dost thou think if Philters or Hels charmes
Could have inforc'd thy use, we would hav' dain'd
Braine sleightes? No, no. Now are we full
Of our deare wishes: thy proud heat well wasted
Hath made our lims grow young: our love farwell,
Know he that would force love, thus seekes his Hell.

Erictho slips into the ground as Syphax offers his sword to hir.

Sy. Can we yet breath? Is any plagued like me?
Are we? Lets thinke: O now contempt, my hate
To thee, thy thunder, sulphure and scorn'd name.

13. *mere* : Bullen ; Q et O : *more.*

Acte V, Scène i

Syphax tire les rideaux et découvre Erictho couchée à côté de lui.

Erictho. Ha, ha, ha !

Syphax. Lumière, lumière !

Erictho. Ha, ha !

Syphax. Excrément de l'Enfer —
O transports abhorrés ! O leurre abominable !
Ils sautent hors du lit ; Syphax tire son épée.

Erictho. Fol entre tous les rois, tu croyais, imbécile,
Que l'Enfer ou le Ciel sur l'amour avait prise ?
Sache qu'Amour fait perdre aux Parques la raison,
Jupiter sous son poids gémit : pauvre ignorant,
Apprends que depuis plus de soixante soleils
Le ventre d'Erictho a soif de sang royal.
Nous qui forçons Neptune en furie d'agiter
Ses lourds cheveux bouclés sans un souffle de vent,
Nous qui du dos d'Atlas faisons glisser le ciel,
Au plus fort, au plus haut d'un vorace désir,
Notre appétit de femme a rêvé que Syphax
Emplisse de ses muscles nos bras luxurieux :
Crois-tu que si des philtres, des charmes infernaux
Avaient pu te forcer, nous aurions recouru
A de tels stratagèmes ? Nous voici donc emplie
De nos chers vœux. Ta fière ardeur bien dépensée
A rajeuni nos membres. Adieu, mon bien-aimé !
Qui veut forcer l'amour par lui sera damné.
Erictho disparaît dans le souterrain alors que Syphax la menace de son épée.

Syphax. Respirons-nous encor ? Qui plus maudit que moi ?
Existons-nous ? Voyons : haine et mépris sur toi,
Sur tes foudres, ton soufre, et ton ignoble nom !

He whose lifes loath'd, and he who breathes to curse
His very being; let him thus with me

Syphax kneeles at the Aultar.

Fall fore an Aultar sacred to black powers,
And thus dare Heavens: O thou whose blasting flames
Hurle barren droughes upon the patient earth,
And thou gay God of riddles and strange tales
Hot-brained Phebus, all adde if you can
Something unto my misery; if ought
Of plagues lurk in your deepe trench'd browes
Which yet I know not: let them fall like boltes
Which wrathfull Jove drives strong into my bosom,
If any chance of war, or newes ill voyc'd,
Mischeife unthought of lurke, come gift us all,
Heape curse on curse, we can no lower fall.

Out of the Aultar the ghost of Asdruball ariseth.

Asd. Lower, lower.

Sy. What damn'd ayre is form'd
Into that shape? Speake, speake, we cannot quake,
Our flesh knowes not ignoble tremblinges, speake,
We dare thy terror: me thinkes Hell and fate
Should dread a soule with woes made desperate.
Asd. Know me the spirit of great Asdruball
Father to Sophonisba, whose bad heart
Made justly most unfortunate: for know
I turn'd unfaithfull, after which the feeld
Chanc'd to our losse, when of thy men there fell
Six thousand soules next fight of Lybeans ten.
After which losse we unto Carthage flying,
Th'inraged people cride their army fell
Through my base treason: straight my revengefull fury
Makes them pursue me, I with resolute hast
Made to the grave of all our Auncestors
Where poyson'd, hop'd my bones should have long rest.
But see the violent multitude arrives

Qui déteste sa vie et qui son souffle emploie
A maudire son être, qu'avec moi, à genoux,
Devant l'autel dressé aux puissances d'Enfer

Syphax s'agenouille devant l'autel.

Il tombe, et qu'il défie le Ciel : toi dont les dards
Abattent sur la terre leurs torrides fléaux,
Et toi, dieu des énigmes et contes facétieux,
Phœbus au front brûlant, ajoutez s'il se peut
A mon adversité.
Si vos fronts burinés recèlent des malheurs
Qui ne m'aient point frappé, qu'ils tombent tels des foudres
Dont transperce mon sein l'ire de Jupiter !
Oui, si vous recélez quelque hasard de guerre,
Ou sinistre nouvelle, ou désastre inouï,
Allez, faites-m'en don. Que tous pleuvent sur moi,
Nous n'irons pas plus bas.

Le spectre d' Hasdrubal s'élève au-dessus de l'autel.

Hasdrubal. Plus bas, encor plus bas.

Syphax. Quelle vapeur maudite
Prend forme à mes yeux ? Parle, nous ne pouvons frémir, +
Notre chair ne connaît les vils tremblements ; parle
Monstre, nous te bravons. Le sort, l'enfer devraient
Craindre le désespoir de mon âme affligée.

Hasdrubal. Sache que je suis l'ombre du puissant Hasdrubal,
Père de Sophonisbe, cœur vil qu'ont accablé
De justes infortunes ; car sache que mes vœux
Je les ai parjurés ; les hasards de la guerre
Causèrent notre perte : six mille de tes hommes
Tombèrent et dix mille Lybiens ; après quoi
Je m'enfuis à Carthage, où le peuple enragé
Criait que son armée à ma vile traîtrise
Devait d'être tombée. Ma Furie vengeresse
Les lance à ma poursuite ; d'une âme résolue,
En hâte je gagnai le tombeau de mon père,
Pour, au prix du poison, y reposer mes os ;
Mais voici que survient la horde violente,

Teare downe our monument, and mee now dead
Deny a grave: hurle us among the rockes
To stanch beasts hunger; therefore thus ungrav'd
I seeke slow rest: now doest thou know more woes
And more must feele: Mortals O feare to sleight
Your Gods and vowes: Joves arme is of dread might.

Sy. Yet speake, shall I orecome approaching foes?

Asd. Spirits of wrath know nothing but their woes.

Exit.

Enter Nuntius.

Nunt. My liedge, my liedge,
The scouts of Cirta bring intelligence
Of suddaine danger, full ten thousand horse
Fresh and well rid strong Massinissa leades
As wings to Roman legions that march swift
Led by that man of conquest, Scipio.

Sy. Scipio.

Nunt. Direct to Cirta.

A march far off is heard.

Harke their march is heard
Even to the cittye.

Sy. Helpe, our guard, my armes,
Bid all our leaders march; beate thicke allarms,
I have seene things which thou wouldst quake to heare.
Boldnes and strength, the shame of slaves bee feare.
Up heart, hold sword: though waves roule thee on shelfe,
Though fortune leave thee leave not thou thy selfe.

Ex[eunt, Syphax] arming.

Elle abat notre tombe, et me privant, défunt,
De sépulcre, nous jette parmi les rocs en proie
Aux bêtes ; c'est ainsi qu'exhumé nous errons
En quête de repos. Or tu sais un surcroît
De peine et d'un surcroît de peine pâtiras.
O mortels, respectez vos serments et vos dieux ;
D'une force effroyable est le maître des cieux.

Syphax. Parle encore : vaincrai-je ces ennemis qui viennent ?

Hasdrubal. Les esprits du courroux ne savent que leurs [peines.

Il sort.

Entre Nuntius.

Nuntius. Sire, Sire,
Depuis les avant-postes de Cirta on nous donne
L'alerte ; au moins dix mille cavaliers vigoureux,
Bien montés, que conduit le fougueux Massinisse,
Flanquent les légions romaines qui se hâtent,
Conduites par Scipion, ce grand foudre de guerre.

Syphax. Scipion ?

Nuntius. Droit vers Cirta.

On entend au loin une marche .

Ecoutez-les marcher.
On les entend d'ici.

Syphax. A moi, garde, mes armes !
Et tous nos chefs en marche ! Battez, battez l'alarme.
Ouïr ce que j'ai vu de peur vous glacerait.
Honte aux craintes serviles ! Audace et fermeté !
Sus donc ! Tiens bon, mon glaive ! Si les flots te malmènent,
Si te manque le sort, ne te manque à toi-même.

Il[*s*] *sort*[*ent*, *Syphax*] *prend les armes.*

Scena Secunda.

Enter two Pages with targets and Javelins,
Laelius and Jugurth with holberds,
Scipio and Massinissa armed,
Cornets sounding a march.

Sci. Stand.

Ma. Give the word stand.

So. Part the fyle.

Ma. Give way.
Scipio by thy great name, but greater vertue,
By our eternall love give me the chance
Of this dayes battle: Let not thy envied fame
Vouchsafe t'oppose the Roman legions
Against one weakened Prince of Lybea.
This quarrels mine: mine bee the stroke of fight.
Let us and Syphax hurle our well forcd dartes
Each unto others breast. O (what should I say)
Thou beyonde epithete, thou whom proude Lords of
[fortune
May even envye: (alas my joyes so vaste
Makes me seeme lost) let us thunder and lightning
Strike from our brave armes, looke, looke, sease that hill.
Harke he comes neare: From thence discerne us strike
Fyer worth Jove, mount up, and not repute
Mee very proud tho wondrous resolute.
My cause: my cause, is my bold heartning ods,
That seeven fold shield, just armes should fright the Gods.

Sci. Thy words are full of honour, take thy fate.

Ma. Which wee do scorne to feare, to Scipio state
Worthy his heart. Now let the forced brasse
Sound on.

Scène ii

Entrent deux Pages, avec targes et javelots ;
Laelius et *Jugurtha avec des hallebardes* ;
Scipion et *Massinisse en armes ;*
des cornets sonnent une marche.

Scipion. Halte !

Massinisse. Donnez le mot. Halte !

Scipion. Ecartez les rangs.

Massinisse. Faites place.
Scipion, par ton grand nom, qu'excède ta vertu,
Nos éternels liens, accorde-moi la chance
Du combat d'aujourd'hui. Que ta gloire enviée
N'aille point opposer aux légions romaines
Un prince de Lybie affaibli, sans soutien.
Cette querelle est mienne : mien soit le choc des armes.
Laisse Syphax et moi, vers le cœur l'un de l'autre,
Darder nos rudes traits. Oh, comment te nommer ?
Quel titre à ta mesure ? Les fiers maîtres du sort
Eux-mêmes t'envieraient — Las ! si vaste est ma joie
Que je semble égaré — Laisse nos braves armes
Tonner, jeter l'éclair ! Vois, prends cette colline !
Ecoute, il vient. Nos coups te feront voir des foudres
Dignes de Jupiter ; monte et n'impute pas
A superbe la fougue inouïe de mon bras.
Ma cause m'avantage, ce bouclier robuste
Sept fois m'enhardit. Dieux, craignez le bras du juste.

Scipion. Tes mots sont pleins d'honneur ; va, suis ta destinée.

Massinisse. Nous ne saurions la craindre. Scipion, ta renom-
[mée
De ton cœur sera signe. A présent, sonnez, cuivres !

Cornets sound a march.
Scipio leades his traine up to the mount.

Jugurth claspe sure our caske
Arme us with care, and Jugurth if I fall
Through this dayes malice, or our fathers sinnes
If it in thy sword lye, breake up my breast
And save my heart that never fell nor's adue
To ought but Jove and Sophonisba. Sound
Sterne hartners unto woundes and blood, sound loude
For wee have named Sophonisba.

Cornets a florish.

So.

Cornets a march far of.

Harke harke, hee comes, stand bloud, now multiply
Force more then fury, sound high, sound high, wee strike
For Sophonisba.

Enter Syphax armd, his pages
with shields and darts
before Cornets sounding marches.

Sy. For Sophonisba.

Ma. Syphax.

Sy. Massinissa.

Ma. Be twixt us too
Let single fight try all.

Sy. Well urgd.

Ma. Well graunted.
Of you my stars as I am worthy you
I implore aide, and O if angels waite
Upon good harts my Genius bee as strong
As I am just.

Sy. Kinges glory is their wrong.
Hee that may onely do just act's a slave.

Des cornets sonnent une marche.
Scipion conduit sa suite sur la colline.

Sonnez haut ! Jugurtha, lace fort notre heaume,
Arme nous avec soin ; si malice du sort
Ou péchés de nos pères veulent qu'ici je tombe,
Si ton glaive le peut, qu'il brise ma poitrine
Pour que mon cœur soit sauf, qui jamais ne faillit,
Lui dont seuls Sophonisbe et Jupiter sont maîtres.
Sonnez, rudes appels au carnage, sonnez,
Car nous avons nommé Sophonisbe.

Fanfare de cornets.

Allons, sus !

Cornets, au loin une marche.

Ecoute, écoute, il vient. Multiplie maintenant
Force plus que fureur. Sonnez, sonnez, nos coups
Seront pour Sophonisbe !

Entre Syphax, en armes, précédé par ses Pages
qui portent boucliers et flèches ;
des cornets sonnent des marches.

Syphax. Pour Sophonisbe !

Massinisse. Syphax !

Syphax. Massinisse !

Massinisse. Que tout par un combat
Singulier soit tranché.

Syphax. Bien requis.

Massinisse. Bien offert.
O toi, ma bonne étoile, si tu m'en juges digne,
J'implore ton secours, et si des anges veillent
Sur les cœurs vertueux, que mon génie soit fort
Autant que je suis juste.

Syphax. Gloire aux rois pour leurs torts !
Ne pouvoir qu'être juste aux esclaves incombe.

My Gods my arme, my life, my heaven, my grave
To mee all end.

Ma. Give day Gods, life and death
To him that onely feares blaspheming breath.
For Sophonisba.

Sy. For Sophonisba.

Cornets sound a charge. Massinissa and Syphax combate, Syphax falles, Massinissa unclasps Syphax caske and as reddy to kil him speakes Syphax.

Sy. Unto thy fortune not to thee wee yeeld.

Ma. Lives Sophonisba yet unstaind, speake just,
Yet ours unforcd?

Sy. Let my heart fall more low
Then is my body, if onely to thy glory
She lives not yet all thine.

Ma. Rise, rise, cease strife.
Heare a most deepe revenge, from us take life.

Cornets sounded a march Scipio and Laelius Enter, Scipio passeth to his thron Massinissa presents Syphax to Scipios feet. Cornets sounding a florish.

To you all power of strength: and next to thee
Thou spirit of triumph borne for victory.
I heave these handes: March wee to Cirta straight,
My Sophonisba with swift hast to winne,
In honor and in love all meane is sin.

Exeunt Massinissa and Jugurth.

Sci. As we are Romes great Generall thus wee presse

Mon bras, voilà mon dieu, ma vie mon ciel, ma tombe
Ma seule fin.

Massinisse. Donnez, Dieux, jour, vie, mort à qui
Ne tremble devant rien hors les bouches impies.
Pour Sophonisbe !

Syphax. Pour Sophonisbe !

Des cornets sonnent la charge. Massinisse et Syphax s'affrontent en combat singulier : Syphax tombe. Massinisse défait le casque de Syphax, et comme il s'apprête à le tuer, Syphax se met à parler.

Syphax. Ce n'est qu'à ta fortune, non à toi, que je cède.

Massinisse. Sophonisbe vit-elle intacte, inviolée ?
Parle vrai.

Syphax. Mon cœur, tombe plus bas que n'est mon corps,
Si pour ta seule gloire elle ne vit toujours
Toute tienne.

Massinisse. Debout, que cesse le combat.
Vois, cent fois je me venge : si tu vis, c'est par moi.

Des cornets sonnent une marche, puis Scipion et Laelius entrent. Scipion se dirige vers son trône. Massinisse présente Syphax aux pieds de Scipion, pendant que des cormets sonnent une fanfare.

Vers toi, force suprême, et vers toi qui l'assistes,
O triomphal esprit, né pour vaincre, s'élèvent
Mes mains. Droit sur Cirta, pour y reconquérir
Ma Sophonisbe, allons d'une marche hâtive !
En honneur, en amour, la tiédeur est fautive.

Massinisse et Jugurtha sortent.

Scipion. Nous, général en chef de Rome, asservissons

Thy Captive neck, but as still Scipio
And sensible of just humanitie
We weepe thy bondage: speake thou ill chanc'd man,
What spirit tooke thee when thou wert our friend
(Thy right hand given both to Gods and us
With such most passionate vowes and solemne faith)
Thou fledst with such most foule disloyalty
To now weak Carthage strengthning their bad arms
Who lately scornd thee with all lothd abuse
Who never intertaine for love but use?

Sy. Scipio my fortune is captivd not I,
Therefore Ile speake bold truth: nor once mistrust
What I shall say, for now beeing wholy yours
I must not faine, Sophonisba t'was shee
T'was Sophonisba that solicited
My forc'd revolt, t'was hir resistles sute
Hir love to hir deare Carthage 'tic'd mee breake
All faith with men: t'was shee made Syphax false
Shee that lov's Carthage with such violence
And hath such moving graces to allure
That shee will turne a man that once hath sworne
Himselfe on's fathers bones hir Carthage foe
To bee that citties Champion and high friend.
Hir Himeneall torch burnt downe my house;
Then was I captivd when hir wanton armes
Threw moving clasps [1] about my neck, O charmes
Able to turne even fate: but this in my true griefe
Is some just joy, that my love sotted foe
Shall sease that plague, that Massinissas breast
Hir handes shall arme, and that ere long youle try
Shee can force him your foe as well as I.

Sci. Laelius, Laelius, take a choice troupe of horse
And spur to Cirta. To Massinissa thus:
Syphax pallace, crowne, spoile citties sack
Be free to him but if our new leagd [1] friend
Possesse that woman of so moving art

14. *clasps* : Bullen ; Q et O : *claspt.*
15. *leagd* : Bullen ; Q et O : *laughd.*

Ta nuque de captif. Mais en nous Scipion reste,
Qui garde un juste sens des souffrances humaines :
Nous plaignons tes liens. Dis, homme infortuné,
Alors que tu étais notre ami, que ta dextre
Si ardemment jurait tant de foi solennelle
Aux dieux et à nous-même, quel esprit te poussa,
Vil, déloyal transfuge, à renforcer Carthage,
Si chétive aujourd'hui, aidant ce mauvais camp,
Qui d'affronts inouïs bientôt te bafoua,
Comme qui, non l'amour, mais l'utile a pour loi ?

Syphax. Ma fortune, Scipion, est captive, non moi.
J'ose donc parler vrai. Fais cette fois crédit
A ce que je vais dire. Tombé en ton pouvoir,
Je perds tout droit de feindre. Sophonisbe, c'est elle,
C'est elle, Sophonisbe, oui, qui sollicita
Et força ma révolte. Pressé par ses requêtes,
Sa fureur pour Carthage, j'ai cédé, j'ai dû rompre
Tous mes serments. C'est elle qui de moi fit un traître,
Elle qu'un tel amour dévore pour Carthage,
Et qui sait entraîner les cœurs par tant de charmes
Qu'elle fera d'un homme s'étant un jour juré
Sur les os de son père de combattre Carthage,
L'ami de cette ville et son grand champion.
Sa torche nuptiale a brûlé ma maison.
Captif je fus, dès lors qu'à mon cou se nouèrent,
Flatteurs, ses bras lascifs. O charmes assez forts
Pour fléchir le Destin ! Mais au fond de mon deuil
Est une juste joie : mon rival assoté
Etreindra cette peste, dont les bras armeront
Le cœur de Massinisse : bientôt tu la verras
Contre toi l'insurger, comme elle fit de moi.

Scipion. Laelius, mène une troupe de cavaliers d'élite
Au galop vers Cirta. A Massinisse dis
Qu'il peut piller palais de Syphax et couronne,
Mettre la ville à sac. Mais si, en son pouvoir,
Il tient cette charmeuse, fais que notre allié

Charge him with no lesse waight than his deare vow
Our love, all faith, that hee resigne her thee.
As hee shall aunswere Rome will him give up
A Roman prisoner to the Senates doome,
Shee is a Carthaginian, now our lawes.
Wise men prevent not actions, but ever cause.

Sy. [*aside*] Good malice, so, as liberty so deere
Prove my revenge: what I cannot possesse
Another shall not: thats some happines.

Exeunt, the Cornets flourishing.

Scena Tertia.

The Cornets afar off sounding a charge.
A Souldier wounded at one dore.
Enters at the other Sophonisba, two Pages before her with lightes, two women bearing uppe her traine.

Sol. Princes O flie, Syphax hath lost the day,
And captiv'de lies, the Roman Legeons
Have seisde the towne, and with inveterate hate,
Make slaves or murder all: Fier and steele,
Fury and night hold all: faire Queene O flie,
We bleede for Carthage, all of Carthage die. *Exit.*

The Cornets sounding a March, enter Pages with javelings and Targets, Massinissa and Jugurth, Massinissas beaver shut.

Ma. March to the Pallace.

So. What ere man thou art
Of Libea, thy faire armes speake: give hart
To amazde weakenes, heare her, that for long time,
Hath seene no wished light. Sophonisba,
A name for misery much knowne, tis she

Et tout récent ami, au nom de ce que pèsent
Ses chers vœux, notre amour, tout honneur, te la livre.
A Rome il doit répondre : par décret du Sénat
Romaine est sa captive ; il faut qu'il y renonce.
Tombe sous notre loi qui est né à Carthage.
Empêcher non les actes mais leurs causes est sage.
Syphax. [*à part*] Bonne malice, chère autant que liberté,
Ainsi soit ma vengeance ! Un autre n'aura pas
Ce qui m'est refusé ; j'y trouve un peu de joie.

Ils sortent pendant que sonnent les cornets.

Scène iii

Les cornets sonnent au loin la charge. Un Soldat blessé, près d'une porte. Par l'autre porte, entre Sophonisbe, précédée de deux Pages avec des flambeaux ; deux femmes portent sa traîne.

Un Soldat : Princesse, oh ! fuis ! Syphax a perdu la journée,
Captif, il gît. La ville est prise. A massacrer
Ou faire des esclaves, les légions romaines
Haineusement s'acharnent. Tout n'est que fer et feu,
Fureur et nuit. Oh ! fuis, belle reine. Carthage,
Pour toi notre sang coule, pour toi est ce carnage ! *Il sort.*

Les cornets sonnent une marche. Entrent des Pages portant javelots et targes, Massinisse et Jugurtha ; la visière de Massinisse est baissée.

Massinisse. Jusqu'au palais marchez !

Sophonisbe. O toi qui, des Lybiens
Portes la belle armure, qui que tu sois, soutiens
Celle, faible, transie, qui n'a depuis longtemps
Plus de plaisir à voir la lumière : entends
Sophonisbe, ce nom fameux pour ses malheurs,

Intreates of thy gracd sword, this onely boone,
Let me not kneele to Rome, for though no cause
Of mine deserves their hate, though Massinissa
Be ours to hart, yet Roman Generals
Make proud their triumphs, with what ever captives.
O tis a Nation which from soule I feare,
As one well knowing the much grounded hate
They beare to Asdrubal and Carthage bloud;
Therefore with teares that wash thy feet, with hands
Unusde to beg I claspe thy manlie knees,
O save me from their fetters and contempt,
Their proud insultes, and more then insolence,
Or if it rest not in thy grace of breath,
To grant such freedome, give me long wishd death,
For tis not much loathde life, that now we crave,
Onely an unshamd death, and silent grave
We will now daine to bend for.

Ma. Rarity
Massinissa disarmes his head.
By thee and this right hand thou shalt live free.

So. We cannot now be wretched.

Ma. Stay the sword.
Let slaughter cease, Soundes soft as Ledas breast,
Soft Musique.
Slide through all eares, this night be loves high feast.

So. O're whelme me not with sweetes, let me not drinke,
Till my breast burst, O Jove thy Nectar, thinke.
She sinkes into Massinissas armes.

Ma. She is orecome with joy.

So. Helpe, helpe to beare
Some happinesse yee powers, I have joy to spare,
Inough to make a God, O Massinissa.

Ma. Peace,
A silent thinking makes full joyes increase.

Prier ton noble glaive d'une seule faveur :
Ne souffre pas que ploient mes genoux devant Rome.
Bien que je ne mérite sa haine, et que soit nôtre
Le cœur de Massinisse, les généraux romains
De quiconque est captif rehaussent leurs triomphes.
Oh ! cette nation en mon âme je crains,
Moi qui ne sais que trop tous les motifs de haine
Qu'ils ont contre Hasdrubal et le sang de Carthage.
Aussi, baignant de pleurs tes pieds, vois, de ces mains
Non faites pour mendier, j'étreins tes forts genoux.
Sauve-moi de leurs chaînes et de leur arrogance,
De leur fières insultes, de leur trop d'insolence.
Ou, si ton noble glaive ne me peut délivrer,
Accorde-moi la mort que j'ai tant convoitée.
Car nous ne voulons plus d'une vie odieuse,
Et, seules, digne mort, tombe silencieuse,
Nous daignons implorer.

Massinisse. O rare Sophonisbe !

Massinisse ôte son casque.

Par toi, par cette dextre, crois-moi : tu vivras libre !

Sophonisbe. Nos peines sont finies.

Massinisse. Cessent glaive et carnage !
Aussi doux que les seins de Léda, des sons glissent

Musique douce.

Vers nous. D'Amour fêtons cette nuit les délices !

Sophonisbe. N'épanche pas sur moi ton enivrant nectar
Jusqu'à rompre mon cœur, ô Jupiter, prends garde !

Elle tombe en faiblesse dans les bras de Massinisse.

Massinisse. De joie elle se pâme.

Sophonisbe. Cieux, aidez, aidez-moi
A supporter un peu de cet excès de joie,
Digne du cœur d'un dieu. O Massinisse !

Massinisse. Paix !
C'est décupler nos joies qu'en silence y penser.

Enter Laelius.

Lae. Massinissa.

Ma. Laelius.

Lae. Thine eare.

Ma. Stand off.

Lae. From Scipio thus: by thy late vow of faith,
And mutuall league of endles amity,
As thou respects his vertue or Romes force,
Deliver Sophonisba to our hand.

Ma. Sophonisba?

Lae. Sophonisba.

So. My Lord
Lookes pale, and from his halfe burst eyes a flame
Of deepe disquiet breakes, the Gods turne false,
My sad presage.

Ma. Sophonisba?

Lae. Even she,

Ma. Shee kilde not Scipios father nor his unkle,
Great Cneius.

Lae. Carthage did.

Ma. To her whats Carthage?

Lae. Know twas her father Asdrubal strooke off
His fathers head, give place to faith and fate,

Ma. Tis crosse to honor.

Lae. But tis just to state,
So speaketh Scipio, doe not thou detaine,
A Roman prisoner, due to this great triumph,
As thou shalt answere Rome and him.

Ma. Laelius,
We now are in Romes power, Laelius,

Entre Laelius.

Laelius. Massinisse !

Massinisse. Laelius !

Laelius. Parlons bas.

Massinisse. A l'écart.

Laelius. Message de Scipion : respectant sa vertu,
Ou la force de Rome, par ton vœu tout récent,
Nos pactes mutuels d'éternelle amitié,
Remets-nous Sophonisbe.

Massinisse. Sophonisbe ?

Laelius. Elle-même.

Sophonisbe. Mon seigneur a pâli. Ses yeux demi-brisés
Brûlent d'un noir souci. Triste pressentiment,
Que les dieux te démentent !

Massinisse. Sophonisbe ?

Laelius. Elle-même.

Massinisse. Le père de Scipion, le grand Cneius son oncle,
Qui les tua ? Pas elle !

Laelius. Mais Carthage le fit.

Massinisse. Qu'est Carthage pour elle ?

Laelius. Sache que c'est son père,
Hasdrubal, qui trancha, du père de Scipion,
La tête. A ton serment, au destin soumets-toi.

Massinisse. C'est contraire à l'honneur.

Laelius. Mais juste pour l'Etat.
Ainsi parle Scipion : la captive de Rome,
Due à ce grand triomphe, non, ne la retiens pas,
Toi qui en dois répondre à Rome, et à lui-même.

Massinisse. Laelius, maintenant Rome nous tient en son [pouvoir

View Massinissa do a loathed act,
Most sinking from that state his hart did keepe,
Looke Laelius looke, see Massinissa weepe,
Know I have made a vow more deere to me,
Then my soules endles being: she shall rest,
Free from Romes bondage.

Lae. But dost thou forget,
Thy vow yet fresh thus breathd: When I desist:
To be commaunded by thy vertue: Scipio,
Or fall from friend of Rome, Revenging Gods,
Afflict me with your torture.

Ma. Laelius enough:
Salute the Roman, tell him wee will act
What shall amaze him.

Lae. Wilt thou yeeld her then?

Ma. Shee shall arive there straight.

Lae. Best fate of men,
To thee.

Ma. And Scipio: [*Exit Laelius with Pages.*]
Have I livde O Heavens,
To be inforcedly perfidious?

So. What unjust griefe afflicts my worthy Lord?

Ma. Thanke me yee Gods, with much beholdingnes,
For marke, I doe not curse you:

So. Tell mee sweet
The cause of thy much anguish.

Ma. Ha, the cause?
Lett's see, wreathe back thine armes, bend down thy necke,
Practise base Praiers, make fit thy selfe for bondage.

So. Bondage?

Ma. Bondage, Roman bondage.

Laelius, vois Massinisse faire un acte odieux,
Déchu du haut degré où s'élevait son cœur.
Vois, Laelius, vois, regarde Massinisse qui pleure.
Sache qu'un vœu j'ai fait, un vœu pour moi plus cher
Que l'immortalité de mon âme : jamais
Sophonisbe par Rome ne sera enchaînée.

Laelius. Quoi ! Tu oublies ton vœu tout récent : « Si je cesse
Scipion, d'avoir pour guide ta vertu, si l'ami
De Rome à ses liens déroge, dieux vengeurs,
Que vos tourments m'accablent. »

Massinisse. Laelius, c'en est assez !
Va, salue le Romain, dis-lui que nous voulons
Pour son étonnement agir.

Laelius. Donc la livrer ?

Massinisse. Vous la verrez là-bas bientôt venir.

Laelius. Le sort
Te bénisse.

Massinisse. Et bénisse Scipion.

[*Laelius sort avec des Pages.*]

Ai-je vécu,
O Cieux, pour qu'on me force à telle perfidie ?

Sophonisbe. De quel injuste ennui souffre mon noble maî-[tre ?

Massinisse. O Dieux, rendez-moi grâces de ne vous point [maudire !
Voyez, je vous oblige.

Sophonisbe. Dis-moi, mon bien-aimé,
Quelle est de tant de peine la cause.

Massinisse. Hélas, la cause ?
Voyons. Noue dans ton dos tes bras, courbe ta nuque,
Essaie d'humbles prières, et te prépare aux chaînes.

Sophonisbe. Aux chaînes ?

Massinisse. Aux chaînes, oui ; celles de Rome.

So. No, no.

Ma. How then have I vowde well to Scipio?

So. How then to Sophonisba?

Ma. Right which way
Runne mad impossible distraction,

So. Deere Lord thy patience; let it maze all power,
And list to her in whose sole heart it rests,
To keepe thy faith upright.

Ma. Wilt thou be slav'd?

So. No free.

Ma. How then keepe I my faith?

So. My death
Giv's helpe to all: From Rome so rest we free,
So brought to Scipio, faith is kept in thee.

Enter a Page with a bole of wine.

Ma. Thou darst not die, some wine, thou darst not die.

So. How neere was I unto the curse of man, Joye,
How like was I yet once to have beene glad:
He that neere laught may with a constant face,
Contemne Joves frowne. Happinesse makes us base.

*She takes a bole
into which Massinissa puts poison.*

Behold me Massinissa, like thy selfe,
A king and souldier, and I pree thee keepe
My last command.

Ma. Speake sweet.

Sophonisbe. Non !

Massinisse. Le serment que je fis à Scipion ne vaut-il ?

Sophonisbe. Et celui que tu fis à toi-même ?

Massinisse. C'est vrai.
Que faire ? Je suis fou ! Nulle issue. O démence !

Sophonisbe. Contiens cette souffrance, cher seigneur, éton-
[nons
Tout pouvoir, entends celle dont le cœur peut, lui seul,
Maintenir haut ta foi.

Massinisse. Veux-tu donc être esclave ?

Sophonisbe. Non, libre.

Massinisse. Alors, comment garder ma foi ?

Sophonisbe. Ma mort
Nous aide tous, et libres nous restons envers Rome.
Livrée morte à Scipion, je préserve ta foi.

Massinisse. Tu n'oses pas mourir ! — du vin ! — tu n'oses
[pas !

Entre un Page qui porte une coupe de vin.

Sophonisbe. Que proche fut de moi ce fléau qu'est la joie !
Qu'il s'en fallut de peu que je ne fusse heureuse !
Seul qui n'a jamais ri brave les noirs sourcils
Du ciel d'un front constant. Le bonheur nous rend vils.

Elle prend une coupe,
dans laquelle Massinisse met du poison.

Contemple, Massinisse, qui, comme toi agit
En roi, et en soldat. Observe, je te prie,
Mes derniers vœux.

Massinisse. Amie, parle.

So. Deere do not weepe
And now with undismaid resolve behold,
To save you, you (for honor and just faith,
Are most true Gods, which we should much adore)
With even disdainefull vigour I give up,
An abhord life.

She drinks.

You have beene good to me,
And I doe thanke thee heaven, O my stars,
I blesse your goodnes, that with breast unstaind,
Faith pure: a Virgin wife, try'de to my glory,
I die of female faith, the long liv'de story,
Secure from bondage, and all servile harmes,
But more most happy in my husbands armes.

She sinks.

Jug. Massinissa, Massinissa.

Ma. Covetous
Fame greedy Lady, could no scope of glory,
No reasonable proportion of goodnes
Fill thy great breast, but thou must prove immense
Incomprehence in vertue, what wouldst thou,
Not onely be admirde, but even adorde?
O glory ripe for heaven? Sirs helpe, helpe, helpe,
Let us to Scipio with what speed you can.
For piety make haste, whilst yet we are man.
Exeunt bearing Sophonisba in a chaire.

[Scena Quarta.] [16]

Cornets [sound a] March.
Enter Scipio in full state triumphal ornamentes carried before him and Syphax bound; at the other dore Laelius.

Sci. What answers Massinissa? Will he send,
That Sophonisba of so moving tong?

16. Cette quatrième scène n'est indiquée ni dans Q ni dans O, mais il est légitime de l'établir, comme le fait Bullen, si l'on considère que, dans cette pièce, tout changement de lieu instaure une nouvelle scène.

Sophonisbe. Oh ! ne pleure pas.
Et maintenant regarde : sans effroi, fermement,
Pour te sauver, oui, toi (car honneur, juste foi
Sont les plus vrais des dieux, qu'il faut plus adorer)
D'un dédaigneux et fort élan, je laisse là
Une vie abhorrée.

Elle boit.

Ciel, tu fus bon pour moi
Et je t'en remercie. Bénies soient mes étoiles
Pour leur bonté : le cœur non terni, la foi pure,
Je meurs, épouse et vierge éprouvée pour sa gloire,
De la foi d'une femme léguant la vive histoire,
Sans que fers ni tourments serviles ne m'échoient,
Mais, bien mieux et surtout, heureuse entre tes bras.

Elle tombe [dans les bras de Massinisse.]

Jugurtha. Massinisse !

Massinisse. O princesse avide de renom,
Nulle visée de gloire, nulle proportion
Mesurée de bonté ne pouvait donc remplir
Ton grand cœur, il fallait qu'il se montrât immense,
Infini de vertu ? Eh quoi ? Tu voulais donc
Etre, plus qu'admirée, pleinement adorée ?
O glorieux esprit ! O fruit mûr pour les cieux !
Amis, à l'aide, vite ! Vers le grand chef de Rome,
Par pitié, hâtez-vous, tant que nous restons homme.

Ils sortent. Sophonisbe est portée sur une litière.

Scène iv

Les cornets sonnent une marche.
Entrent Scipion, en grande pompe,
derrière les ornements du triomphe,
et Syphax enchaîné ; à l'autre porte, Laelius.

Scipion. Et que dit Massinisse ? Nous dépêchera-t-il
Celle dont la parole enchante tous les cœurs ?

Lae. Full of dismaid unsteddines he stood,
His right hand lookt in hers, which hand he gave
As pledge from Rome, she ever should live free.
But when I entred, and well urg'd his vow
[1] And thy command his great heart sunke with shame:
His eyes lost spirite, and his heat of life,
Sanke from his face, as one that stood benumbde,
All mazde, t'effect impossibilities,
For eyther unto her or Scipio,
He must breake vow, long time he tossd his thoughts
And as you see a snow ball being rolde
At first a handfull, yet long bould about,
Insensibly acquires a mighty globe,
So his cold griefe through agitation growes,
And more he thinkes, the more of griefe he knowes.
At last hee seemde to yeeld her.

Sy. Marke Scipio,
Trust him that breaks a vow?

Sci. How then trust thee?

Sy. O misdoubt him not, when hee's thy slave like me.

Enter Massinissa all in black.

Ma. Scipio.

Sci. Massinissa.

Ma. Generall.

Sci. King.

Ma. Liv's there no mercy for one soule of Carthage
But must see basenes?

Sci. Wouldst thou joy thy peace,
Deliver Sophonisba straight and cease,
Do not graspe that which is too hote to hold,
We grace thy griefe, and hold it with soft sense,

17. *his vow* : le serment de Massinisse à Scipion (V.3.60-66) ; leçon proposée par Jackson et Neill, que nous préférons à celle de Q et de O : *this vow* (le serment de Massinisse à Sophonisbe, V.4.4-5).

Laelius. Plein d'effroi, interdit et confus je le vis,
Sa dextre prise dans celle de Sophonisbe,
Sa dextre qui jura que, captive, jamais
Rome ne la tiendrait.
Mais alors que j'entrai, lui rappelant ses vœux
Et ton commandement, son cœur faillit de honte,
Ses yeux perdirent vie, tout le sang de sa face
S'écoula dans son sein ; il paraissait transi ;
Follement égaré, tenu à l'impossible,
Sophonisbe ou Scipion il lui fallait trahir.
Longtemps dans son esprit il roula ses pensées,
Puis, comme on voit grossir la pelote de neige,
Boulée de-ci, de-là, jusques à devenir,
Par degrés insensibles une imposante sphère,
En son âme agitée, l'ennui glacé grandit,
Et plus il délibère, plus s'accroît son ennui.
Enfin il a semblé la rendre.

Syphax. As-tu donc foi
En qui s'est parjuré ?

Scipion. La dois-je avoir en toi ?

Syphax. Ne doute pas de qui t'est soumis comme moi.

Entre Massinisse, vêtu de noir.

Massinisse. Scipion !

Scipion. Massinisse !

Massinisse. Grand général !

Scipion. Grand roi !

Massinisse. Eh quoi ! Point de pitié ? Nulle âme de Carthage
Qui ne soit abaissée ?

Scipion. Douce te soit la paix !
Livre-nous Sophonisbe, il te faut désarmer.
Ne cherche à retenir ce qui brûle ta main.
Nous honorons ta peine et nous lui sommes tendre ;

Injoy good courage, but voide insolence.
I tell thee Rome and Scipio daine to beare
So low a breast as for her say, we feare.
Ma. Do not, doe not: let not the fright of Nations
Know so vile termes. Shee rests at thy dispose.

Sy. To my soule joy, shall Sophonisba then
With me go bound and waite on Scipios wheele?
When th'whole worlds giddy one man cannot reele.

Ma. Starve thy leane hopes, and Romans now behold
A sight would sad the Gods, make Phoebus cold.

Orgaine and Recorders play to a single voice:
Enter in the mean time the mournful solemnity
of Massinissas presenting Sophonisbas body:

Looke Scipio, see what hard shift we make
To keepe our vowes; here, take I yeeld her thee,
And Sophonisba I keepe vow thou art still free.

Sy. Burst my vext heart, the torture that most rackes
An enimie, is his foes royall actes.

Sci. The glory of thy vertue live for ever,
Brave heartes may be obscur'd, but extinct never.
Scipio adornes Massinissa.
Take from the Generall of Rome this crowne,
This roabe of triumph, and this conquests wreath
This scepter, and this hand for ever breath,
Romes very minion: Live worth thy fame
As far from faintings as from now base name.

Ma. Thou whom like sparkling steele the strokes of Chance
Made hard and firme; and like wild fier turnd
The more cold fate, more bright thy vertue burnd,
And in whole seas of miseries didst flame.
On thee lov'd creature of a deathlesse fame
Massinissa adornes Sophonisba.

Jouis de ton grand cœur, sans éclats d'insolence.
Je te le dis, pour elle, Rome et moi nous daignons
Fléchir notre fierté et dire : « Nous craignons ».

Massinisse. Non, non, ce parler vil ne convient pas à qui
Fait trembler l'univers. D'elle disposez donc !

Syphax. O bonheur de mon âme ! Verra-t-on Sophonisbe
Avec moi dans les chaînes en triomphe traînée ?
Quand l'univers chancelle, je ne puis seul tomber.

Massinisse. Quitte ces vains espoirs ; voyez ceci, Romains,
Qui glacerait Phœbus, ferait les dieux chagrins.

Une voix soliste que soutiennent orgue et flûtes à bec accompagne un cortège funèbre.
Massinisse présente la dépouille de Sophonisbe.

Scipion, regarde ! Vois à quelle extrémité
Nous ont conduit nos vœux. Tiens, prends, je te la livre,
Sans briser, Sophonisbe, mes vœux : tu restes libre.

Syphax. Romps-toi, cœur affligé ! Ah ! trop cruel bourreau,
L'ennemi qui triomphe par des actes royaux !

Scipion. Puisse ta glorieuse vertu vivre à jamais,
Un grand cœur offusqué, rien ne l'éteint jamais.
Scipion orne Massinisse.
Du général romain, tiens, prends ce diadème,
Ces habits de triomphe, ces glorieux lauriers,
Ce sceptre, cette main, et demeure à jamais
L'enfant chéri de Rome. Or, vis loin des faiblesses,
Digne d'un nom promu loin de toute bassesse.

Massinisse. Toi qui, comme l'acier qui luit, fus par les coups
Du hasard endurcie, et, tel un feu grégeois,
Sous les froideurs du sort ravivais ton éclat
Et sur un océan de peines flamboyais,
Doux objet de mes vœux, à jamais renommé,
Massinisse orne Sophonisbe.

Rest all my honour: O thou for whom I drinke
So deepe of greefe, that he must onely thinke,
Not dare to speake, that would expresse my woe,
Small rivers murmur, deepe gulfes silent flow,
My griefe is here, not here, heave gently then,
Womens right wonder, and just shame of men.
Cornets a short florish. Exeuntque, manet Massinissa.

Epilogus.

[*Ma.*] And now with lighter passion, though with most just [feare
I change my person, and do hether beare
Anothers voyce, who with a phrase as weak
As his deserts now will'd me, (thus form'd) speake,
If wordes well senc'd, best suting subject grave,
Noble true story may once boldly crave,
Acceptance gratious, if he whose fiers,
Envy not others nor him selfe admires,
If sceans exempt from ribaldrie or rage
Of taxinges indiscreet, may please the stage,
If such may hope applause, he not commandes
Yet craves as due, the justice of your hands.
But freely he protests how ere it is,
Or well or ill, or much, not much amisse,
With constant modesty he doth submit
To all, save those, that have more tongue then wit.

After all, let me intreat my Reader not to taxe me, for the fashion of the Entrances and Musique of this Tragidy, for know it is printed onely as it was presented by youths, and after the fashion of the private stage. Nor let some easily amended errors in the Printing afflict thee since thy owne discourse will easily set upright any such unevennes.

FINIS.

Que mon honneur sur toi repose ! Toi pour qui
Je bois à pleine coupe tel indicible ennui
Que le silence seul ma souffrance dirait
— Murmure est le ruisseau, mais l'abîme se tait.
Mon deuil est là, non là. Doucement qu'on te porte,
Merveille entre les femmes, juste honte des hommes !

Brève fanfare de cornets. Ils sortent. Seul reste Massinisse.

Épilogue

[*Massinisse.*] L'esprit moins affligé, mais non sans juste crainte,
Je change de personne : oui, désormais, j'emprunte
La voix d'un autre. Il veut que son faible message
Gagne à ce truchement un plus digne langage :
Si des mots denses, faits pour un grave sujet,
Histoire noble et vraie, peuvent un jour oser
Briguer un bon accueil, si celui dont les feux
N'envient ceux de personne, et qui n'est vaniteux,
Si des scènes où n'entrent ribauderies ni rage
D'indiscrètes diatribes, peuvent plaire au théâtre,
Tout cela, s'il se peut que vos mains l'applaudissent,
Sans leur rien commander, il en attend justice,
Mais librement proclame que, quoi qu'il en puisse être,
Que le succès soit bon, mauvais, honnête ou piètre,
Constante s'en remet à tous sa modestie,
Hors à ceux dont la langue abonde, et non l'esprit.

Qu'on me permette, après tout ceci, de prier mon lecteur de ne point me blâmer pour la façon dont se font entrées et musique dans cette tragédie : sache qu'elle est strictement imprimée comme elle fut représentée par des enfants et selon la façon de la scène privée. Et ne t'afflige pas de trouver dans l'imprimé quelques erreurs, aisées à émender : ta propre intelligence rectifiera aisément ce genre d'imperfections.

FIN

Notes

Parmi les emprunts, relativement nombreux (v. *supra*, notre introduction), de Marston aux historiens antiques, nous ne donnons ici que les (rares) emprunts verbaux.

Epitre au lecteur

To ... blank-verse : allusion à la reconstitution historique pédante que fait Ben Jonson dans *Séjan* (1605).

I ... end : Marston reprend implicitement la dichotomie horacienne *utile /agréable*.

Prologue

1 *Lybia* : l'Afrique, selon la conception antique du monde.

23-24 *oile ... heat* : les spectateurs qui le méritent reçoivent du poète inspiré par les dieux sainte huile et eau lustrale. Sur la chaleur de l'imagination créatrice, v. *Epilogue*, 8 (*fires*).

28 *To ... crowne* : la première d'une des nombreuses sentences d'inspiration stoïcienne que contient la pièce.

29 *Nec ... extra* : adaptation des *Satires* de Perse, I, 7, à propos de qui *n'aura point quêté (de louanges) auprès d'autrui*.

I.1

11 *worthy* : on peut comprendre aussi que la Renommée couronne souvent ceux qui le méritent le moins (*worthy* = *valuable* ou *well-deserved*).

15 *spouting up ... vexations* : référence, en termes de médecine humorale, à la bile qui se répand dans le sang du mélancolique.

40 *thy Father* : il mourut en combattant l'armée d'Hasdrubal en Espagne (211 av. J. C.).

41 *thy uncle Publius* : battu par Hannibal à la Trébie, il mourut en Espagne (211 av. J. C.)

60 *Ethiopian Negro* : l'Ethiopie regroupait, à la Renaissance, un ensemble mal défini de pays africains à population de couleur noire.

70 *their wronge* : valeur objective (le tort qu'ils me font) et subjective (le tort où ils sont) du possessif.

I.2

7 Ce cérémonial, mis en scène par Marston, est présenté par Puttenham dans *The Art of English Poesy*, I, xxvi.

32 i. sc. *curtaines* : il s'agit soit des rideaux qui séparent l'aire de jeu principale de l'arrière-scène, soit d'un rideau de lit à baldaquin.

47 *What... speake* : cf. Montaigne, *Essais*, III, v.

72-75 *three hundred ... breath* : cf. *Macbeth* (1606), I.ii.50-51. Shakespeare est probablement le débiteur.

83-85 *To ... beyond* : *ibid.*, I, iii.

137 *What ... greefe* : *ibid.*, I, iv.

194 *hull* : drift by the force of the wind acting on the hull alone.

195 *ample state* : « comfortable condition » (Jackson et Neill).

226 *My ... I* : distinction d'inspiration stoïcienne. V. Sénèque, *De constantia sapientis, passim.*

232 *Palladium* : image de Pallas Athena, gardienne de Troie, et, par extension, toute divinité tutélaire.

II.1

14 *Profit ... state* : les termes et les concepts-clés du machiavélisme abondent dans cette scène. Mais la source directe de Marston est souvent Montaigne (*Essais*, III, i).

24 *armes* : (1) bras, (2) armée considérée en tant que corps, (3) armes. La traduction a dû choisir.

50 *Certe* sans *s* est une licence poétique introduite tardivement, par Hugo. Nous assumons l'anachronisme.

51 *marble marble :* répétition lexicale à fonction expressive. Tour fréquent dans cette pièce.

55-56 *Nothing ... it selfe* : cf. Montaigne, *Essais*, III, i.

60-61 *State ... functions* : adaptation de Montaigne, *ibid.*

71-72 *For ... harme* : on peut comprendre : (1) la recherche du bien suprême en politique oblige à emprunter la voie du mal (la fin justifie les moyens, Machiavel, *Discours*, XLI) ; (2) les scrupules moraux font commettre des fautes en politique, *Le Prince*, XV).

74-75 *Although ... age* : métadiscours sur le jeu théâtral ; cf. *Hamlet*, III.2.i sq.

77-79 *he ... men* : cf. Montaigne, *Essais*, III, i.

110 *O ... woman* : Gelosso interprète les paroles de Sophonisbe comme une capitulation. Mais *a woman* (v. 157) est laudatif.

118-119 *Speach ... words* : Jackson et Neill renvoient à Aristote et à Tilley, mais ces vers traduisent Montaigne : *Nous ne sommes hommes et ne nous tenons les uns aux autres que par la parole* (*Essais*, I, ix).

125 *tax :* Montaigne emploie *grever* absolument, dans le passage dont Marston s'est inspiré ici (III, i).

140 *The ... body* : le sage stoïcien traite son corps en étranger (Epictète, *Entretiens, passim*).

144 *he ... wise* : dans son machiavélisme, Carthalon pervertit certains préceptes stoïciens.

145-151 *What ... tower* : cf. Sénèque, *De providentia* (IV, 6).

156 *Cold Saturne* : planète froide sous l'influence de laquelle sont les mélancoliques ; la mélancolie est elle-même une humeur froide.

160 *thee* : Jove (v. 158).

162 *unnatural ... lamps* : l'échauffement contre nature des corps humains (assimilés aux corps célestes) en proie aux passions.

II.2

75 *cuz :* désignait fréquemment un neveu ou une nièce. Marston travestit l'histoire (Jugurtha était le petit-fils de Massinisse).

93-94 *bend ... brest* : nod.

II.3

10-12 *sole... all* : portrait du sage stoïcien tel qu'il est décrit par Horace (*Satires*, II, vii, 86-87). Tirade pseudo-stoïcienne.

13 *Telamon* : Ajax, son fils, portait son immense bouclier, de la taille d'un homme. Cf. V.ii.18.

44-45 *he... gaine* : le principe selon lequel il vaut mieux pour un prince être craint qu'aimé, est discuté au chapitre XVII du *Prince*, mais il faisait déjà partie du patrimoine culturel antique. *Hearts* : les sentiments, quels qu'ils soient, des sujets à l'égard du prince.

51 *Short ... woes* : la première d'une série de variations sur un vers de Sénèque le Tragique (*Hippolyte*, 607). Cf. III.i.132-133, III.ii.27-31, V.iv.57.

96 *He ... it :* écho de Sénèque, *Les Troyennes*, 291.

107-108 *he... it :* citation de Sénèque, *Médée*, 500-501. Nous adoptons la traduction qu'en fait Corneille dans *Médée*, III, iii.

III.1

13 *this* : désigne la dague de Syphax ou renvoie à *force* (v. 12).

15 *Thou ... mee* : v. *supra* notre note à II.ii.140.

34 *prove* : find out by experience.

39 *Make ... head :* le sens érotique (cf. IV.i.51 et 108) n'est que suggéré par la traduction.

58 *speed speed* : (1) fortune, (2) hâte.

61 *foule* : (1) dishonest, (2) unattractive. Syphax incite Xanthie à être loyale, et lui signifie (geste à l'appui sans doute) qu'il n'est pas insensible à elle. Compte tenu de la symbolique élisabéthaine des couleurs (clair = beau = bon / sombre = laid = mauvais), on a pu voir dans *foul* une allusion au teint de Xanthie (teint sombre de Mauresque).

63 *vails* : tips. Syphax soudoie Xanthie.

76-77 *dead ... poore* : cf. *Romeo and Juliet* (III.v.224-225).

101 *nay ... hand :* geste qui signale (1) l'avidité de Xanthie, (2) sa duplicité : Syphax vient de la soudoyer (*Ambidexter* : one who takes bribes from both sides, *O.E.D.*).

119 *Nor ... thine* : Sophonisbe passe en revue les images des dieux ornant son autel.

124 *corruptles ... dew* : symboles de la connaissance mystique et de l'inspiration sacrée.

125 *our ... fier* : Jackson et Neill comprennent qu'une flamme brûle sur l'autel. Nous voyons ici une référence à la *syndérèse* (un feu divin est en l'homme, idée qui avait été exprimée par les néo-platoniciens et les mystiques chrétiens, les stoïciens et les néo-stoïciens). Pour Marston, l'imagination créatrice est une manifestation de ce feu (*Prologue*, 23-24 et *Epilogue*, 8.).

144 *as ... thoght* : expression figée, ici revivifiée : Bangui est victime d'une ruse.

146 *vault* : trappe aménagée dans le plancher de scène.

162-163 *a ... undrest* : (1) Bangui est torse nu, représentation d'époque d'un Ethiopien. (2) Il ignore la dissimulation et la ruse, et Sophonisbe a tôt fait de le « mettre à nu ».

194 *o're-thirsty slave* : *soiffeur* : *ivrogne* (Littré).

200 *dogs ... crocodile* : cf. Elien, *Histoire variée*, I, 4.

205 *Seven* : chiffre non conforme à la tradition (*deux* selon Hérodote, *Histoires*, i, 181).

III.2

11 *A ... everywhere* : l'idée était devenue un lieu commun, mais la source directe est probablement un *De remediis fortuitorum* attribué par certains auteurs à Sénèque à la Renaissance, et que Marston a utilisé pour d'autres pièces.

40 *counsel* : plan d'action (*consilium* en latin).

54 *necessited* : terme philosophique dont l'homologue d'époque est, en français, le participe passé adjectivé *nécessité* (v. Littré).

52-62 *I ... the Gods* : cf. Sénèque, *De constantia,* VII, iii.

63-65 *By ... admiration* : l'harmonie qui règle macrocosme et microcosme (*musica mundana* et *musica humana* selon Boèce) a partie liée, chez l'homme, avec la maîtrise des passions.

73 *amaze* : la traduction n'a pas gardé le jeu de mots avec *a maze*.

75 *Boldnesse ... speed* : Appien, *Histoire romaine*, Guerres Puniques, chap. 4 § 191 τόλμης καὶ ταχυτῆτος.

IV.1

101 i.sc. *Infernall Musicke* : musique sans doute discordante, peut-être jouée par des musiciens installés sous la scène.

98-124 *whose ... charme* : Marston adapte et, en certains endroits, traduit *La Pharsale* (VI) de Lucain.

143 *sq*. Cf. Montaigne, *Essais*, III, ix.

178-180 *I ... sounds* : croyance parfois affirmée à la Renaissance, selon laquelle la musique permettait d'évoquer des êtres surnaturels.

182 *heav'd* : jeu sur *heaved* / *heaven* (v. 184).

195 *within* : la voix d'Erictho provient sans doute des locaux situés derrière les aires de jeu.

211 *above :* à l'étage.

V.2

34 *Well ... graunted* : Massinisse affirme son avantage dès cette joute oratoire.

40 *My ... arme* : cf. Virgile, *L'Enéide*, X, v. 772.

79 *Hir ... torch : nuptialibus facibus,* Tite-Live, *Histoire romaine,* XXX, xiii. Mais le Syphax de Marston ment doublement : contrairement à la donnée livienne, il n'a pas épousé Sophonisbe, et elle ne l'a jamais incité à la révolte.

V.3

109 *No ... goodnes* : l'harmonie (III.ii.63) implique modération.

V.4

16-17 *griefe* : la traduction par *ennui* renvoie à l'acception de ce mot chez les tragiques français du XVIIème siècle.

47 *minion* : c'est très exactement le *mignon* français, au sens de *favori.*

58 *My griefe ... here* : Massinisse se touche successivement le coeur, puis la bouche ou les yeux.

EPILOGUE

7 *true* : Marston revendique une vérité poétique (*Epître au lecteur*, 1-7).

Table des Matières

Ce volume,
de la collection « Classiques en poche »,
publié aux Éditions Les Belles Lettres,
a été achevé d'imprimer
en février 2006
par ***Bussière****,*
18203 Saint-Amand-Montrond.

Dépôt légal : mars 2006.
N° d'édition : 6395 - N° d'impression : 060729/1

Imprimé en France